우리, 잘 낳을 수 있어요

우리, 잘 낳을 수 있어요

1판 1쇄 인쇄 2017년 12월 08일
1판 2쇄 발행 2021년 2월 22일

지은이 박지원
펴낸곳 도서출판 비엠케이

기획 이종화
편집 상현숙
디자인 아르떼203
제작 (주)꽃피는청춘

출판등록 2006년 5월 29일(제313-2006-000117호)
주소 121-841 서울시 마포구 성미산로10길 12 화이트빌 101
전화 (02) 323-4894 팩스 (070) 4157-4893
이메일 arteahn@naver.com

값은 뒤표지에 있습니다.
ISBN 979-11-955415-7-7 03510

「이 도서의 국립중앙도서관 출판시도서목록(CIP)은 서지정보유통지원시스템 홈페이지(http://seoji.nl.go.kr)와
국가자료공동목록시스템(http://www.nl.go.kr/kolisnet)에서 이용하실 수 있습니다.(CIP제어번호: CIP2017030354)」

연앤네이처
박지원 원장의
자연주의
출산 이야기

우리,
잘 낳을 수
있어요

박지원 지음

Book
media&publishing

같은 길을 걷는 의사로서
박수를 보냅니다

박지원 원장님의 『우리, 잘 낳을 수 있어요』 출간을 축하드리며, 출산 문화를 바꾸고자 열망하는 모든 산모들과 의료진에게 이 책이 도움이 되기를 바라는 마음 간절합니다.

산부인과 의사로 산모와 태아의 건강을 곁에서 지켜본 지 30년이 되어 갑니다. 오랜 시간 산과 의사로서 진료 현장을 지키면서 교과서에 망라된 모든 응급 상황을 접하고, 생사의 기로에 선 산모와 태아를 지켜 내면서 한편으로는 보람되고 한편으로는 이 힘든 직업을 왜 선택했는지 갈등과 고민을 한 적이 셀 수 없이 많았습니다. 산과 의사로서의 고된 삶을 후회하지 않고 계속할 수 있었던 것은 평생 잊어버리지 못할 가슴 떨리는 순간들, 산모들과 같이 기뻐하고 슬퍼했던 그 순간들과 보람 때문이었습니다.

전공의 시절과 젊은 교수 시절에는 지금보다는 분만 건수가 엄청 많아 정신없이 바쁘고, 너무나 많은 산모들의 분만을 담당해야 했기에 어떻게든 빨리 분만을 결정하고 진행시키는 것이 가장 중요한 일이었습니다. 예외는 없었던 시절이었고, 하루에도 열 명이 넘는 산모와 응급 상황에 대처하다 보니, 각각의 분만 진통 과정을 차별화한다는 것은 불가능했습니다. 분만이 임박하면 분만실로 이동하고, 보호자는 당연히 밖에서 기다리고, 분만이 끝나고 병실로 옮겨지면 보호자가 들어오고, 남편은 분만이 끝난 후에 나타나는 경우가 대부분이었던 시절이었습니다.

10년이면 강산이 변한다고 하는데, 분만 환경과 출산 문화가 바뀌는 걸 보면 이렇게 변할 수가 있는지 놀라울 따름입니다. 6년 전 출산 문화를 바꾼 한 방송 다큐멘터리를 시작으로 여러 종류의 책이 출판되면서 분만에 대한 패러다임이 변하기 시작했습니다. 이미 외국인 산모들을 중심으로 이전에 습관처럼 해 왔던 분만 방법 대신 산모와 남편이 같이 하는 출산을 지지해 주던 나로서는 이런 변화가 다행스럽습니다.

7년 전, 작은 모임이 시작되었습니다. 분만을 질병의 치료가 아닌, 자연스러운 탄생의 기쁨으로 받아들이고 싶은 산모와 남편들, 이런 가능성을 믿고 오래 전부터 행하고 계신 여러 조산사 선생님들, 힘든 의료 환경에서도 의사로서는 더욱 힘든 상황이 될 수도 있는 자연 출산을 묵묵히 지지해 주는 소수의 의사 선생님들, 이 중심에 박지원 원장님이 있었고, 우리는 할 수 있다는 신념을 가지고 시작하였습니다. 산모들이 분만실에서 진통의 공포 속에서 홀로 분만하는 모습에서 남편과 동생을 기다리는 첫아이와 함께 새로운 가족을 맞이하는 평안하고 따뜻한 출산으로 바꾸는 환경을 제공해 주는 노력은 현재도 진행 중입니다. 물론, 앞으로도 이런 노력이 계속되어 우리나라의 출산 문화가 변할 것이라는 믿음을 가지고 있습니다.

박지원 원장님의 뚝심과 노력이 그대로 녹아 난 이 한 권의 책은 자연주의 출산에 대한 애정과 소중한 경험이 생생하게 기록된 훌륭한 한 편의 다큐멘터리입니다. 이런 의미에서, 같은 신념을 가지고 같은 길을 걷고 있는 의사로서, 출산에 대한 경외감과 진정한 기쁨을 누리고자 하는 모든 산모와 남편 분들과 이들을 지지하고 기쁨을 공유하고 싶은 의료진들에게 좋은 필독서가 될 것임을 확신합니다.

2017년 12월
순천향대학교부속 서울병원
산부인과 교수 최 규 연

염려와 배려 속의 조심스러운 출산, 그리고 그 곁을 지킨다는 것

나는 아주 평범한 산부인과 의사였다. 그런 나에게 가장 자연스러운 출산은 커다란 분만실에서 커튼으로 침대 공간을 나누고, 아침 6시면 촉진제를 시작해서 저녁 6시 이전에 분만실을 깨끗하게 만드는, 그런 분만이었다. 산과 의사들은 고도로 훈련된 기술직으로, 분만을 인공적으로 조절하도록 잘 훈련받았고, 나는 거기서 크게 벗어나지 않았다.

오후 3시쯤이 되어도 진행이 더디면 제왕절개 가능성을 이야기하고, 4~5시 무렵이면 제왕절개를 하는 아주 평범하고 직업 정신 투철한 산부인과 의사였던 것이다.

거기에는 반성이나, 인간성에 대한 고려가 있을 수 없었다. 내 눈앞에서 벌어지고 있는 '일'을 해가 지기 전에 끝내야 한다는 직업 정신만 있었던 것 같다. 그리고 분만실의 저녁이 오고, 분만한 사람들을 모두 병실로 올려 보내고 나면 하루가 지나감을 안도했다.

그런 분만실의 모습에 감동은 없었다. 산모들은 소리 지르며 울기에 바빴고, '의사 가운'이 주는 권력은 절대적이었으며, 나의 말 한마디는 금세 권위를 타고 상대편을 주눅 들게 했다.

나는 아파하는 산모에게 금세 무통주사를 오더했고, 오더대로 마취과 선생님들은 무통주사를 했고, 간호사들은 약을 주입했고, 산모들은 곧 순해지고 남편은 다시 TV에 집중할 수 있었다. 그리고 곧 촉진제를 써서 해 지기 전에 분만을 마치고 가족들을 초대할 수 있었다. 그게 전형적인 산부인과 의사였고 나 역시 그랬던 것이다.

지금 우리에게 가장 자연스러운 것은 어쩌면 지금 이대로 인공적으로 사는 것인지도 모른다. 인공적인 것이 너무 많이 생활에 들어와 있는 이 세상에서 가장 자연스러운 것을 추구한다는 것은, 어쩌면 가장 부자연스러운 것인지도 모르겠다. 어쩌면 그냥 이대로, 추세대로, 인공적으로 약을 써서 아기를 낳는 것이 가장 자연스러운 일인지 모른다. 부족한 영양분을 멀티 비타민으로 채우고, 부족한 시간에 아기를 낳기 위해 빨리 낳는 것이 가장 경제적인 분만 방법인지 모른다.

그러나 우리는 그 경제 논리 때문에, 우리 아이들이 당연히 받아야 할 사랑과 배려를 깡그리 무시하고 있다. 말 못 하고 표현 못 하고, 불편함을 단지 울음으로밖에 표현할 수 없는 아이들이 당연히 받아야 하는 인간으로서의 존중을, 출산하는 그날부터, 아니, 뱃속에서 훨씬 그 이전부터 무시하는 것을 당연하다고 생각하며 그게 경제적이라고 생각한다.

9

지금의 병원 분만 방식은 그렇게 경제 논리에 휩쓸려 엄마와 아기를 극한으로 몰고 있으며, 의사들의 직업 윤리마저 박탈하고 있다.

나는 그런 의료에 신물이 났다. 히포크라테스 선서는 고사하고, 환자와 의사 간의 신뢰도 바닥에 떨어진 그런 의료에 신물이 났던 것이다. 다시 돌아가고 싶지 않은 그 분만실을 떠나 작은 부인과 병원을 개원했을 때의 해방감은 이루 말할 수 없었다.

그러나 그런 해방감은 내 내면 깊숙이 자리 잡고 있던 뭔가 채워지지 않은 느낌을 없애 주지 못했고, 결국 나는 이 자리로 돌아왔다. 완전히 다른 형태의 출산을 책으로 접하고, 조산사들로부터 배우고, 산모들에게 매일 새롭게 배우면서, 이 자리로 돌아왔다.

무통주사 없이, 촉진제 없이 아기를 낳는 것.
온전히 엄마만의 힘으로 아기를 낳는 것.
그 시작을 의사로서 함께할 수 있다는 그 중요한 깨달음.
그리고 부모가 된다는 것!!

출산의 현장에서 필요한 것은 서로를 아끼는 마음과 산모를 보듬어 주는, 그저 여자들이 여자들에게 늘 보여 주었던 원래의 그 배려였음을 나는 출산의 순간마다 느낀다. 보통 여자로 출산 순간에 느낄 수치심이나 공포를 공감할 수 있는 나와 같은 평범한 여자들에게 나는 출산 과정이 절대로 그렇게 비인간적일 필요가 없고, 숭고할 수 있다는 것을 알려주고 싶다. 부끄럽게 부끄럽게, 조심스럽게 조심스럽게 그렇게 여자들끼리 아기를 낳는 것이 얼마나 자연스러운 일인지를 알려 주고 싶다.

  지금의 의학 교과서는 절대 빈곤, 세계 곳곳에서의 전쟁의 위험 등 지금과 다른 문제들을 안고 있던 과거의 기준에서 만들어지기 시작했다. 이제 모성 사망률과 영아 사망률이 어마어마하게 높았던 과거의 의료 현실을 바탕으로 만들어진 교과서가 지배하던 공포스러운 의료에서 벗어났으면 좋겠다. 자신들의 출산 순간을 떠올릴 때마다 눈물 짓는 엄마들이 더는 없었으면 좋겠다. 그래서 다시는 아기를 낳고 싶지 않다고 생각하는 그런 출산도 더 이상 지속되지 않았으면 좋겠다.

  2017년 12월 박 지 원

1부 _ 자연주의 출산이란?

2부 _ 자연주의 출산만이 정답은 아니다

3부 _ 두려움 없는 부부 출산을 위하여

4부 _ 우리들의 특별한 만남-내가 만난 아가들

출산은, 쉬운 것도 아니고 안 아픈 것도 아니며
빨라야 되는 것도 아니다.

우리,
잘 낳을 수
있어요.

1부 _
자연주의 출산이란?

진짜 뭐가 다른 거예요?

될 수 있다고 믿는 거요

"여기서는 유도 분만, 촉진제 사용, 제왕절개 같은 건 절대로 안 하나요?"

일반 산부인과에서의 출산을 꺼려서 우리 병원을 찾아 온 산모들이 묻는다.

"아니요, 저희가 그런 걸 '절대' 안 하지는 않습니다."

"그럼요? 그럼 자연주의 출산은 진짜 뭐가 다른 거예요?"

임신은 질병이 아니다. 출산은 아기의 생일을 맞는 중요한 하루다.

그 하루를 고통에 대한 두려움에 갇혀 보내지 말고 아기와 함께하는 즐거운 여정임을 잊지 말자는 것이 자연주의 출산에서 생각하는 자연스러움이다. 그렇다면 자연주의 출산은 진짜 어떤 것이 다를까?

출산을 하는 방법에는 여러 가지가 있다. 일반 산부인과 병원에서 낳을 것인지, 자연주의 출산으로 낳을 것인지……

자연주의 출산을 하겠다고 하면, 자연주의 출산을 하는 병원에서 낳을지, 조산원에서 낳을지, 또는 자신이 살고 있는 집에서 낳을지……

모든 것이 그렇듯 장점만 있는 것도 없고 단점만 있는 것도 없다. 각각의 방법에 어떤 특징과 장점, 단점이 있는지를 잘 살펴보고 각자의 방법을 선택해야 한다.

우리 병원에서 내가 만나는 엄마 아빠와 아기들의 탄생 과정은 이렇다.

산전 교육과 준비

임신 후 첫 상담. 그 시기는 산모마다 다르다. 임신 초기부터 나와 만나는 산모가 있는가 하면 막달에 가까워 자연주의 출산을 위해 우리 병원에 오는 산모도 있다. 큰 상관은 없지만 몇 달 동안 서로 익숙해지고, 그래서 신뢰를 쌓을 수 있는 관계가 물론 더 좋을 것이다.

자연주의 출산에서는 산전 교육을 매우 중요하게 생각한다. 산전 교육을 통해 임신과 출산 과정 전반에 대한 이해를 하고, 임신 기간 동안의 음식 섭취와 운동, 순조로운 출산을 위한 호흡 등에 대해 공부할 것을 권한다. 우리 병원 자체 내의 교육 프로그램도 물론 있고 그 외의 여러 방법들에 대한 이야기를 나눈다.

자연주의 출산에서는 또한 남편의 출산 참여를 매우 적극적으로 유도 하고 지지한다. 산전(産前) 교육도 부부가 함께 참여할 것을 권한다.

그리고 역시 부부가 함께 출산 계획서를 작성하도록 한다. 출산 계획서란 "우리들은 우리 아기와 만나기 위해 이러이러한 것들을 하겠습니다. 그러니 병원에서도 이러이러한 것들을 해 주세요" 하는 내용을 적는 것이다.

출산 계획서는 수술 동의서처럼 작성을 거부한다고 해서 출산이 불가능한 서류상이나 형식상의 절차가 아니다. 특별한 형식도 없다. 다만 우리는 어떤 자세로 아기를 맞이하려고 노력하며, 또 그 과정 중에 생길 수도 있는 상황들에 어떤 식으로 대처를 했으면 좋겠다는 적극적인 의사 표현이다.

출산 계획서는 병원 서류함으로 들어가는 것이 아니다. 출산할 때 산모의 출산실 문 앞에 붙여 둔다. 엄마와 아빠 각각 한 장씩 쓰는 부부도 있고, 자신들만의 재미있는 아이디어로 이벤트 보드를 만들어 오는 부부도 있다. 예쁜 종이에 손글씨를 쓰기도 하고 깔끔하게 표를 만들어서 프린트해 오기도 한다. 부부의 성격대로다.

임신 34주~36주가 되면 자연 출산 팀의 조산사를 만나 상담을 한다. 우리는 좀더 편안한 출산을 위해 자연 출산 팀을 운영한다. 한 명의 산모를 한 명의 조산사와 두 명 이상의 간호사가 돌봐 주는 것이다.

조산사는 출산 자체뿐 아니라 출산 전과 출산 이후의 산모와 가정에 어떤 준비들이 필요한지도 함께 돌봐 준다. 출산 상담 이후에는 언제든 조산사와 수시로 상담을 할 수 있다. 출산의 징후가 있거나 다른 이상 징후가 있을 때도 언제든 연락하면 된다.

진통이 오면

진통이 시작되면 조산사와 통화해서 상의를 하고 출산을 위해 병원으로 이동한다. 병원에 오면 산모와 남편이 함께 쓸 출산실을 정한 뒤 본격적인 자연 출산 팀의 도움과 보살핌을 받는다. 우리는 분만실이라는 말을 쓰지 않고 '탄생의 집, 탄생의 방'이라는 말을 쓴다.

탄생의 방 문 앞에는 이미 적어 온 출산 계획서와 혹 준비해 왔다면 문패를 붙인다. 아가의 태명으로 만든 문패 말이다. '봄이네,' '용용이네,' '뽀끼,' '별하,' '또리,' '방방이,'…… 아직 얼굴은 못 봤지만 열 달 동안 품어 온 보석들의 이름이다.

출산 팀은 산모와 남편이 그동안 배운 여러 가지 운동과 호흡법들을 잘 응용할 수 있게 해 주고, 정서적으로, 심리적으로 힘들지 않고 의지할 수 있도록 충분히 배려한다. 또한 혹시 의료 개입의 필요가 생기지 않을지 가까이에서 관찰한다.

출산 과정은 빠르게는 몇 시간에서부터 길게는 2박 3일 혹은 3박 4일이 걸리기도 한다. 그러나 이 시간들은 일반 병원 분만실에서의 시간과

확연히 다르다. 가능한 한 편안한 분위기에서 진통의 시간을 보낸다. 진통이 뜸하게 찾아 오거나 멈추면 잠을 청하기도 하고 운동을 하거나 산책을 하고 대화를 한다. 아기가 스스로 나오려고 할 때를 기다리지 빨리 빨리 나오라고 재촉하지 않는다.

그리고 진통이 오면 오는 대로, 그 순간을 어떻게 덜 힘들게 넘길 수 있을지 여러 가지 방법을 찾는다. 우리 병원은 모든 병실에 욕조가 있는 수중실이다. 모든 산모가 수중 출산을 하는 것은 아니지만, 진통을 줄이기 위해 사용되는 여러 방법들 중 욕조를 이용하여 이완하는 것만큼 효과적인 것이 없기 때문이다.

그리고 골반 비틀기 운동, 이완과 통증을 조절해 주는 호흡, 짐볼 운동, 조산사나 남편 등 도움을 주는 이들에게 마음껏 기대기, 골반을 최대한 늘이기 위한 여러 운동들…… 아픔을 줄일 수 있는 방법들을 시도한다.

드디어 아기를 만날 때

그러다가 드디어 아기를 만나게 된다. 병실의 욕조에서 수중 출산을 해도 되고 침대에 누워서 해도 되고 앉아서 해도 된다. 출산은 산모와 아기 둘이 하는 것이다. 나머지 모든 사람들은 도움을 줄 뿐이다. 그러니 어디서 어떤 자세로 출산할지는 산모 마음대로 하는 것이 당연하다.

가능하면 촉진제나 무통주사를 사용하지 않으려고 하고 회음 절개나 제왕절개 역시 최소화하려고 노력한다. 그러나 어떠한 의료 개입도 절대 하지 않겠다는 약속은 할 수 없다. 불가피한 상황이 언제 어떻게 발생할지 알 수 없기 때문이다.

나는 이것이 자연스러운 것이라고 생각한다. 사람의 몸은 절대 '예정대로,' '약속대로,' '매뉴얼대로' 반응하지 않기 때문이다. 하지만 '절대 하지 않겠다'라고 다짐할 수 있는 것이 한 가지 있다. 바로 "의사 마음대

로, 의사가 알아서 결정하지 않겠다"라는 것이다. 약물이나 처치가 필요하다고 판단되면 산모와 남편에게 충분히 설명하고 충분히 상의한다. 그리고 반드시 동의를 구한다.

빠르면 빠른 대로 기쁘게 아가와 만나고 늦으면 늦는 대로 감사하게 아가와 만난다. 엄마의 산도를 빠져나온 아기는 그대로 엄마의 배 위로 간다. 그동안 고생한 엄마와 아기가 처음 대면하는 시간이다. 탯줄은 산모가 원하는 대로 태맥이 멈추기를 충분히 기다린 뒤 아빠가 자르는 것이 보통이다. 태반도 억지로 빼지 않고 자연적으로 다 나올 때까지 기다린다.

"뭐 하러 그렇게 오래 산모를 고생시켜 가며 출산시키느냐?" 혹은 "도대체 아무 이유 없이 태반 자연 배출을 기다리는 이유는 무엇이냐?"라고 묻는 사람들이 있다, 특히 산과 의사들. 그럼 내 대답은 '그냥'이다. 또, 그럴 필요가 없으니까 '그냥…… 상대가 원하지 않는 것을 하지 않아 주는 것도 배려이니까. 그냥 우리 여자들이 싫어하는 것들이 나도 싫으니까……'이다.

뱃속을 나온 아기가 엄마의 배 위에 엎드려 엄마의 손길을 느끼는 것을 캥거루케어라고 한다. 아빠 역시 배 위에 아기를 놓고 캥거루케어를 해 준다. 이후로 아기는 엄마와 떨어지지 않는다. 모든 출산실이 모자동실(母子同室)이고 신생아실이 따로 없다. 엄마와 아빠는 항상 아기 옆에서 아기를 돌보고 모유를 수유하면서 점차 요령을 익혀 나간다.

그냥 그렇게 될 수 없는 것

자, 자연주의 출산은 이렇게 한다. 어떤 점은 일반 분만보다 더 어렵고 귀찮고 힘들게 느껴질 수 있다. 아니, 많은 면에서 그럴지도 모르겠다. '빠르고, 안 아프고, 쉬운' 출산이 아니기 때문이다.

그런데 출산은, 쉬운 것도 아니고 안 아픈 것도 아니며 빨라야 되는 것도 아니다. 또한 유혈이 낭자하고 남편의 머리카락을 죄다 뽑고 싶으며 하늘을 갈라 놓을 듯한 비명으로 마무리되어야만 하는 것도 아니다. 음식을 먹고 소화시키고 그 나머지를 소변과 대변으로 배출시키는 것이 너무나 당연한 것처럼 아이가 생기고 그 아이가 엄마의 뱃속을 나오는 것도 지극히 당연하고 자연스럽게 '그렇게 될 수 있는' 과정이다. 아픔이 왜, 어떻게 오는 것인지 알고 준비하며 기다린다면 그 아픔을 조금은 덜 무섭게, 덜 아프게, '기꺼이' 받아들일 수 있다.

정말로 나는 회음부 파열 없이 깨끗한 출산을 수도 없이 보았으며 심지어 아기가 피 한 방울 보이지 않고 엄마 뱃속에서 미끄러지듯 나오는 믿기 어려운 장면도 목격했다. '될 수 있는' 것이다.

가만히 좀 있어 봐,
괜찮다니까

익숙한 것을 바꾸는 것은 참 어렵다. 나도 그랬다.

10년도 훨씬 전, 내가 봉직하던 산부인과에서의 일이다. 분만실 수간
호사이자 조산사였던 분은 늘 내게 이렇게 말했다.

"박 과장님, 가만히 좀 있어 봐. 괜찮다니까. 내가 눌러 줄게. 낳게 하면
되지 뭐."

지금도 그 조산사 선생님 생각을 하면 나는 "가만히 좀 있어 봐"가 떠
오른다. 환자에게 무슨 처치를 좀 할라 치면 그분은 내 손을 잡아 채곤
했다. 가만히 그냥 두어 보라는 것이다.

모든 것이 낯설었다. 가족분만실도 낯설었고, 조산사 1인이 그렇게 출
산시키기 위해 애쓰는 것도 낯설었다. 또 조산사가 의사에게 그렇게 말
을 하는 것도 낯설었다. 알량한 자존심에 울화통이 치밀기도 했다. '의사
는 난데, 의사더러 가만히 있으라니……'

게다가 그런 분위기에서 다른 의사 선생님들이 아무 말을 안 하는 것도 낯설었다. 또 분만대인 것도 같고 분만대가 아닌 것도 같은 침대 위에서 다리를 끌어당기고 힘 주기를 시키는 모습 또한 익숙하지 않았다. 대학병원 분만실에서 산모의 다리를 분만대에 묶어 놓고 분만하는 것과는 사뭇 다른 모습이었던 것이다.

하지만 그분 덕에 나는 봉직을 시작한 지 6개월 만에 제왕절개율 20퍼센트가 안 되는 자연 분만 전문의가 되었다. 무슨 깨달음이 있어서가 아니었다. 시간이 지나면서 그냥 그런 분위기에 익숙해졌던 것이다.

그런 시간들이 지나면서 나는 그렇게 기다려도 아기들이 잘 나온다는 확신을 어느 정도 갖게 되었다. 지금 생각해 보면 나의 자연주의 출산이 시작된 지점이 바로 거기인데, 그것이 고마운 일이었다는 걸 알게 된 건 몇 년이나 지난 뒤였던 것이다.

또 다른 만남

그리고 "비즈니스 오브 비잉 본(Business of being born)"을 보았고 히프노버딩(Hypnobirthing)을 알게 되었다.

"비즈니스 오브 비잉 본"은 미국의 다큐멘터리다. 뮤지컬 배우 리키 레이크의 출산을 중심으로 유럽, 미국, 아시아 여러 국가들의 가정 출산에 대해 탐색한 작품이다.

히프노버딩(Hypnobirthing)은 출산을 오로지 고통으로만 받아들이지 말고 평화롭고 아름답게 자기 최면 상태에서 기쁨으로 맞이할 수 있도록 도와주는 출산 방법이다.

자연 출산에 대한 철학은 1920년 영국 의사인 그랜틀리 딕 리드(Grantly Dick Reed)에 의해 처음 소개되었는데, 히프노버딩은 미국의 메리 몽간(Marie Mongan) 여사가 그런 자연 출산의 정신을 이어받아 새로이 개발한 출산 기법이자 철학이다.

히프노버딩은 두려움과 긴장, 또 의료적으로 복잡한 환경을 벗어나 편한 곳에 편한 상태로 있게 되면 출산이 심한 고통의 연속만은 아닐 수 있다는 것을 가르쳐 준다.

또한 출산할 때 근육들이 어떻게 완벽한 조화 속에서 출산을 돕는지를 가르쳐 주며 두려움이 만들어 내는 출산에 대한 저항과 거부를 딛고 가능하면 편하고 본능적으로 출산할 수 있도록 해 준다.

또한 출산 중 분비되는 스트레스 호르몬 대신 엔도르핀의 분비가 촉발되면서 출산의 고통을 경감시켜 주도록 한다.

다르게 생각하기 시작하다

그것들은 충격에 가까운 그 무엇이었다. '어떻게 저렇게?'를 넘어서, 지금껏 내가 알고 있는 것이 다 틀린 것이었을지도 모른다는 두려움과 불안이 몰려 왔다.

나는 관련 자료들을 찾아 다시 공부하기 시작했다. 그리고 이런 의문을 가지기 시작했다. 우리가 안전하다고 믿고 있던 모든 구조들이 어쩌면 '의료 산업'의 한 틀에서 '편리함'을 위해 고안된 방법일지도 모른다는 것.

영국이나 독일 등 유럽에서는 어떻게 자연 분만을 하는지도 찾아보았다. 그리고 나니 이제 와서 우리가 찾는 자연주의 출산이라는 것이 이들 유럽 국가에서는 일반적인 자연 분만이라는 것을 알게 되었다.

'아, 우리는 무조건 의사들이 분만을 책임져야 한다고 생각했는데, 그게 아닌가 보네, 조산사(미드 와이프)들이 산모를 1대 1로 관리하고 있구나. 아주 일반적으로 수중 출산을 하네.……'

알고 보니 출산 방식에는 현재 우리나라 산부인과에서 하고 있는 미국식 출산 방식만 있는 것이 아니었다. 유럽식 자연 분만도 있고 가까운 일본에서도 이렇게 하고 있는 곳이 꽤 있었다. 나 스스로 가지고 있는 '자연 분만'에 대한 거부감이 모두 다 해소되면서, 내가 몰랐던 분만의 또 다른 방식이 있음을 알게 된 그때, 나는 '자연주의 출산'을 정말 열린 마음으로 받아들일 수 있게 되었다.

싫으면 안 해도 된다

그동안 왜 아무도 우리나라의 이런 분만 방식을 비판하지 않았을까? 왜 아무도 우리나라의 분만 방식이 싫다고 큰소리로 말하지 않았을까? 왜 누구나 똑같이 분만대에서 아기를 낳아야 한다고 생각했던 것일까? 모두가 똑같은 기성복을 입지 않고, 모두가 똑같은 음식을 먹지 않는데, 왜 분만 방식은 거의 같아야 하는 것일까?

자연주의 출산 방식에서 말하는 분만대 없는 분만 방식은 유럽에서는 이상하지도, 낯설지도 않은 자연스러운 출산 형태이다. 이미 많은 산부인과에서 행하고 있다.

분만대 좀 안 쓰면 어떤가, 밤에 아기 좀 낳으면 어떤가, 꼭 낮에 낳기 위해 유도 분만을 해야 하나? 잘 나오고 있는데 회음 절개를 꼭 해야 하나? 교과서에서도 권하지 않는 관장을 굳이 해야 하나?

전공의 시절, 분만대는 의사가 분만을 잘하기 위해 고안되어 다리를 벌리게 하고, 아기 어깨를 잘 빼기 위해 아래쪽이 뚫려 있는 구조로 만들어져 있다고 배웠다. 그것이 물론 나쁜 것만은 아니다. 좁은 침대에서 안전을 생각해야 하고, 몸부림치는 산모를 잡아 두기에는 사실 이 분만대가 아주 절실한 의료 장비임에는 틀림없다.

그러나 지금 우리 병원에서는 분만대를 사용하지 않는다. 지금껏 약 2,500여 명의 아기가 우리 병원에서 태어났고, 지금까지 분만대에서 태어난 아기는 이전하기 전의 병원에서 딱 두 명 있었다.

좀 더 열린 마음으로 산모와 가족 입장에서 생각해야 한다.

커도 돼요, 늦게 나와도 돼요

아기가 아직 나올 생각이 없다잖아요

"아기 머리가 너무 크대요. 유도 분만을 해야 한다는데, 어떻게 할까요?"

강원도 원주에 사는 산모의 문의에 나는 당황스러웠다. 그 산모는 우리 병원에서 첫째를 3.1킬로그램으로 자연스럽게 만났었다. 둘째는 가까운 병원에서 낳는 것이 좋을 것 같아 원주의 병원에 다닌다고 했다. 그런데 아기가 35주부터 3.0킬로그램을 넘어서더니, 38주에 벌써 4킬로그램을 찍었다고 한다. 그러자 다니던 병원에서 "너무 크니 유도 분만을 해야 한다"고 했다는 것이다.

우리 병원에서는 유도 분만을 거의 하지 않는다. 불필요한 경우가 대부분이기 때문이기도 하고, 거의 대부분 알아서 진통이 오기 때문이기도 하다.

"머리가 커서 유도 분만을 해야 한다고요?" 나는 의문을 표했다. 산모는 그 의사 선생님의 말이 너무 단호해서, 자기 스스로도 그냥은 못 낳을 것 같다는 확신에 이르렀다. 38주 4일부터 유도 분만을 하겠다고 한다. 아무리 촉진제를 써도 자궁경부는 열리지 않았고, 자궁 수축이 있긴 했지만 산모는 하나도 아프지 않았다.

기다리니까 훌륭하게 진통이 걸리는 것을

유도 분만 이틀째, 유도 분만 실패로 결론을 내리고 퇴원을 했다. 만약 이 유도 분만 실패를 달리 해석했다면, "아기가 크니까 안 내려오잖아요. 그래서 유도 분만이 안 되는 거예요. 그러니까 수술해요"라고 했을 것이다. 그러나 실은 그게 아니다. 아기는 전혀 나올 생각이 없었던 것이다.

유도 분만에 실패하고 난 이틀 뒤 우리는 외래에서 다시 만났다. 난 적어도 예정일까지는 기다리자고 했다.

"어차피 커서 제왕절개하나, 유도 분만 실패해서 제왕절개하나 똑같아요. 그럴 바에는 아기가 준비될 때까지 기다리는 게 더 좋을지도 모르잖아요."

그리고 나흘 뒤 훌륭하게 진통이 걸렸다. 1센티미터에서 꿈쩍도 안 하던 자궁경부는 이미 3센티미터가 열려 있었고, 세 시간 뒤에 4센티미터가 되더니 오후에 금세 다 열리고 순식간에 출산까지 이어졌다.

4.23킬로그램, 회음부 손상 거의 없음!

누가, 우리 아기 크다고 했는가, 누가 크면 일찍 나와야 된다고 했는가, 누가 크면 못 낳는다고 했는가?

다 말도 안 되는 소리다. 그냥 내버려 두면 이렇게 알아서 할 것을, 그리하여 아기는 아주아주 자연스럽게 엄마와 아빠와 형을 만났고 세상을 만났다.

아기가 엄마에게 보내는 신호

우리 몸의 모든 장기와 마음은 마치 영화 〈아바타〉에서 나온 신비한 나무처럼 서로 하나인 것과 같이 신호를 주고받는다. 뱃속에 아기를 품고 있는 동안 아기는 온전히 엄마의 일부이며, 엄마가 어떻게 하느냐에 따라 잘 자랄 수도 있고, 잘 못 자랄 수도 있다. 온전히 엄마의 일부였던 이 아기는 온몸으로 진통을 맞이할 준비가 되었을 때, 알 속의 병아리들이 부화를 위해 껍질을 입으로 쪼는 것처럼, 본인이 이제는 세상으로 나갈 때가 되었음을 은근히 엄마 몸에 알려 준다.

사과가 크기만 하다고 다 영근 것이 아니다. 키 크고 몸무게 많이 나간다고 성인이 되는 건 아닌 것이다. 머리가 커졌다고 아기를 빼내야 하는 것도 아니다. 어떤 아기는 2.5킬로그램으로 태어나고, 어떤 아기는 4킬로그램으로 태어난다. 어떤 아기는 36주가 되어서 너무 일찍 나오기도 하며, 어떤 아기는 41주가 한참 지나 나오기도 한다.

어디에서 이 진통이 시작되는지는 알 수 없지만 하나 확실한 것은, 그 시작 지점은 아기들마다 다 다르며 그것을 가장 잘 아는 것은 아기 본인 이라는 것이다.

2.5킬로그램의 아기를 낳기도 어려운 작고 단단하고 유연하지 못한 골반이 있는가 하면 5킬로그램짜리 아기도 거뜬히 잘 낳을 수 있는 넉넉 하고 유연한 골반도 있다.

진통이 시작되기 전까지, 혹은 임신 말기가 되기 전까지 유난히 작고

단단하던 골반도 말기에 이르러 호르몬 영향으로 충분히 커지고 넓어지기도 한다.

그러므로 아기의 체중과 엄마의 골반은 출산을 결정하는 절대적인 요인이 될 수 없다. 또한 모든 아기들의 머리는 엄마의 골반보다는 더 크다. 그러니까 아기 머리는 찌그러져 나오고, 엄마의 골반은 벌어질 대로 벌어져, 출산 이후에 걸음도 잘 못 걷고, 아프기도 하다. 하지만 그러한 모든 과정들은 우리들이 모르는 사이 엄마와 아기가 조용히 교감하며 일어난다.

유도 분만, 쉽게 결정할 일이 아니다. 할 필요가 없는데 하는 경우가 많다. 어른들의 욕심으로 하는 유도 분만은 아기에게 전혀 도움이 되지 않는다. 그러다가 덜컥 수술이라도 하게 되면 어른들 욕심 탓을 하지 않고 애꿎은 아기 머리 탓을 한다. 말 못 하는 아기라고 함부로 그렇게 탓을 해서는 안 되는 것 아닐까?

우리가 하는 것,
촉진제와 무통주사를 뺀 모든 것들

주인공은 산모와 아기

평균적인 교육 과정을 거친 후 일반 병원에 근무하는 의료진들에게는 의료 과정을 순조롭게 처리하기 위한 프로그램이 매우 중요하다. 그것을 우리는 '매뉴얼'이라고 부른다. '매뉴얼'대로 '일'을 진행시키기 위해 얼마간 기다리고, 그 정해진 '얼마간의 시간'이 지나면 의료진은 '개입'을 한다.

의료진은 그 기다림의 시간 동안 무슨 일이 반드시 벌어져야 한다고 생각한다. 반드시 '진행'이 되고 있어야 한다. 의료진들이 환자(산모)를 관찰하는 동안 환자는 뭔가의 진행을 보여야 한다. 그 시간이 지나고 나면 의료진들은 정해 놓은 일의 순서에 맞게 나름의 일을 한다. 이것이 일반 병원의 분만 과정이다.

일반 병원과 뭔가 다르냐면

반면에 자연주의 출산은 촉진제와 무통주사를 뺀 모든 것들의 짬뽕이다. 우리 병원뿐만 아니라 자연주의 출산을 하는 곳들은 다 그럴 것이다.

사람들은 촉진제와 무통주사를 빼면 뭘 하냐고 한다. 특히 일반 산부인과의 의사, 간호사, 조산사들은 주사 안 놔 주면 할 일이 없다고 생각한다. 마치 직무 유기라도 한 것처럼 안절부절 못한다.

그러면서 자연주의 출산을 하는 곳에서는 그냥 내버려 둘 것이라고 생각한다. 왜냐하면 그들은 뭘 할 수 있는지 알지 못하기 때문이다. 자연주의 출산을 그저 내버려 두는 것으로만 생각하는 사람들은 쉽게 생각하고 "자연주의이니 아무나 다 할 수 있겠지"라고 한다.

하지만 겪어 본 사람들은 안다. 손쉽고 저렴하게 얻을 수 있는 결과물을 뒤로 하고 어려운 길, 혹은 예전대로의 길을 갑자기 가라고 하는 일만큼이나 힘든 일이 없다는 것을 말이다.

자연주의 출산에서는 촉진제와 무통주사를 뺀 모든 것들을 아주 적극적으로 한다. 촉진제와 무통주사를 가장 소극적으로 마지막으로 생각한다. 우리는 촉진제와 무통주사 이외의 '다른 것'들에 대한 많은 고민을 한다.

예를 들면 골반 비틀기 운동, 호흡을 통한 이완과 통증 조절, 물에 들어가기, 누군가 다른 사람에게 기대기, 골반을 최대한 늘리기 위한 온갖 운동들이 촉진제와 무통주사 자리에 들어간다. 별것 아닐 것 같고 정말로 효과가 미미할 것 같지만 어떻게든 통증을 줄여 보기 위한 방법들을 찾는다.

그렇게 하다가 하다가 정 안 될 것 같으면 촉진제를 쓰고 무통주사를 하기도 한다. 하지만 충분히 함께 고민을 한다. 진행이 되는 과정에서의 아픔은 어쩌면 당연한 것이고, 우리들은 이미 그것이 힘든 과정임을 충분히 숙지하고 이해했다.

누가 주인공인가?

의료진들은 '매뉴얼'을 들이대지 않는다. 충분히 보고, 충분히 도와주고, 충분히 상의하고, 충분히 함께한다. 자연 관찰자로서의 의료진은 다음 단계의 정상 과정을 숙지하고 그 정상 과정이 늦게 오건, 빨리 오건 별로 개의치 않는다.

그건 그 산모의 몸에 일어나는 변화이지 나의 '일'이 아닌 것이다. 나의 '일'은 그 사람에게 충분한 조언과 충분한 안심, 충분한 도움을 주는 것이다.

산모와 가족들은 의료진들이 행하는 의료 행위의 대상이 아니다. 본인들의 출산을 하러 온 주인공이다. 돈을 내고 의료시설을 빌려 쓰고 의료진을 '이용하는' 사용자이다.

여행지에 가서 수동적으로 가이드에 이끌려 이곳저곳 '보기만' 하는 관광을 하러 온 사람들이 아니다. 적극적으로 여행의 목적지를 정하고 그곳에서 봐야 할 것들, 해야 할 것들을 이미 둘이서 충분히 결정해왔다. 그리고 그 장소로 이 병원을 선택한 것뿐이다.

우리는 최선을 다해 산모를 도와서, 어떻게 해서든지 아기가 편하게 나오도록 무진장 애를 쓴다. 무지무지하게 애를 써서 어떻게 해서든 좁은 골반을 효과적으로 이용하려고 한다. 그게 자연주의 출산이다.

그 내면에는 아기를 온전히 혼자의 힘으로 낳겠다는 산모의 강한 자기 확신, 아기에 대한 강한 확신이 바탕에 깔려 있다. 그래서 자연주의 출산은 산모들의 것이다. 산모와 그 가족들의 것이다.

우리, 잘 낳을 수 있어요

출산에 마감이라니

자부심과 행복감의 가치

　　2000년대 초 큰 아이를 임신했다는 사실을 알았을 때 나는 내가 산부인과에 근무하고 있으면서도, 내가 함께 일하는 사람들이 있는 곳에서 아기를 낳기가 굉장히 민망했다. 남편과 나는 어떻게 할까를 고민하다가 지금도 유명하고 그때는 조금 덜 유명했던 한 산부인과에 2월경 전화를 걸었다.

　　"예정일이 8월인데, 진료 받으러 가도 되나요?"

　　"8월 출산, 마감되었습니다."

　　어머나, 2월인데 벌써 8월 출산이 마감되었다니……

　　그때 나는 그 산부인과를 그냥 직장 근처에 있는 가까운 분만 병원 정도로 생각했었는데, 그게 아닌가 싶은 생각에 짐짓 놀랐다. 그리고 '그렇게 강남 일대에 분만하는 사람들이 많은가' 싶은 생각에도 놀랐던 기억이 난다.

　　그 많은 산모들은 다 어디서 오는 걸까? 그때나 지금이나 우리나라의 저출산 문제는 여전히 심각한 수준인데, 그렇게 출산이 마감될 정도로 잘되는 산부인과는 어떻게 만들어지는 것일까? 예전에는 무조건 분만이 많은 병원과 시설이 큰 병원, 의사 수가 많은 병원이 가장 좋은 병원으로 꼽혔던 것 같다. 그리고 집에서 가깝고 등의 이유도 고려될 테고 말이다.

우리 병원은 이상한 병원?

예나 지금이나 병원 선택은 산모와 남편이 할 일이고, 병원은 어떻게 해서든지, 먼 지역의 산모까지 데려오기 위해 규모 경쟁을 하고, 스펙 경쟁을 벌인다. 요즘도 그런 경향은 여전하다. 조금 다른 점이 있다면, 그때는 조리원이 일반적이지 않았는데 요즘은 조리원이 함께 있는 곳일수록 더 인기가 많다는 정도일 것이다.

2017년 현재 그 병원은 여전히 강남에서 가장 규모가 큰 병원 중 하나이며, 지금은 조리원도 있고, 단독 건물로 이사해서 병원 1층에는 가게도 하나 들어와 있으니 규모로 보면 더 커진 셈이다.

그런 식으로 생각해 보면, 우리 병원은 시대의 흐름에 한참 동떨어져 있는 곳이 아닐 수 없다. 조산원도 아니면서 조산원 스타일의 출산인 것 같고, 분만실이 몇 개씩이나 되는 병원과 달리 방만 있는 곳이고, 규모를 자랑할 수 있는 신생아실도 없다. 의사 숫자도 적어서 딱 보기에도 규모가 크지 않고, 게다가 젊은 여의사 세 명이니 더욱이 분만이나 수술과 직결된 서비스를 파는 산부인과 영역 차원에서 어른들이 보시기에는 너무나 불안해 보일 수 있다.

게다가 조리원도 없다. 심지어는 조리원에 가려는 산모들에게도 조리원에서조차 모자동실을 할 것과 100퍼센트 모유수유할 것을 권장한다. 옛날에 삼칠일 동안 산모들이 한 일은 오로지 아무 일도 안 하고 모유수유를 했던 것뿐이라며 다른 것 하나도 하지 말고 모유수유만 하라고 권유한다. 그러니, 우리 병원은 10년이 지나도 이 규모로 조그맣게 있을지도 모르겠다. 규모로 경쟁을 하고 규모가 커져야만 유지가 되는 분만실이 아니기 때문이다.

그래도 나는 돌아가고 싶지 않다

의료는 양적인 팽창을 하면 질적인 수준이 낮아지기가 매우 쉬운 서비스 분야이다. 양적인 팽창과 질적인 수준 유지를 위해서는 적당한 사람들이 뒷받침되어야 하는데, 지금까지 나의 경험으로는 사람 찾기만큼 어려운 일이 없었다. 조산사도 의사도 모두 마찬가지다.

이 일을 계속하기 위해서는 사명감은 기본이고 봉사 정신도 있어야 하는데, 일단 그런 사람을 찾기가 어렵다는 뜻이다. 의료직에 종사하는 수많은 사람들도 역시 먹고사는 문제에 직면해 있는 사회인이므로 사명감과 봉사 정신만으로 다른 직장과 비슷한 수준의 급여를 받으며 일하라고 강요할 수는 없는 일이기 때문이다.

오히려 시간으로는 절대적으로 적을지 모르나 감정적으로는 자연주의 출산을 돕는 많은 의료진들이 더 힘들 수 있다. 그러니 사람이 없으면 절대로 분만 숫자를 늘릴 수 없는 지금과 같은 우리 병원의 구조로는 10년이 지나도 똑같을지도 모른다.

진료를 수익률에 의해서만 평가할 수는 없다. 어떤 규모로 기업이 성장하기 위해서는 적당한 수익률이 따라와 주어야 하고 그러한 일정한 수익률을 낼만큼 이익을 내려면 결국 경제 논리로 득실을 따져야 하는데, 안타깝게도 우리 병원의 수익 모델은 그리 훌륭하지 않다.

따라서 10년이 지나더라도 우리 병원은 지금과 같은 작은 규모로 지속될지도 모른다. 그러나 여전히 나는 다시 과거의 출산 서비스를 제공하는 병원으로 돌아가고 싶은 생각이 전혀 없다. 비록 노동 강도와 수익률 측면에서 타 병원과 비교할 수 없을 만큼 열악할지라도 단언컨대, 내부에서 일하는 사람들의 자부심과 원장이 느끼는 행복감은 다른 어떤 수익률과 비교할 수 없는 가치가 있다고 믿기 때문이다. 자본주의 사회에서 이런 행복감의 가치를 돈으로 환산할 수 없다는 말은 듣기에 따라 다소 이해가 힘들지도 모르겠지만 말이다.

그래도…… 우리 병원에서 일하고 싶은 사람들이 많아져서 조금이나마 규모가 커질 수 있다면, 나나 선생님들이 당직을 조금 덜 설 수 있는 구조는 될 수 있을 테니, 그러면 좋을 것 같다.

사실 지금 당장이라도 누군가가 우리 병원에서 일하고 싶다고 한다면 쌍수를 들어 환영하고 싶고, 시간이 좀 지나면 나도 한번쯤 아이들, 남편과 함께 긴 휴가도 다녀오고 싶다. 아, 그랬으면 좋겠다.

둘라, 인간 진통제를 만나세요

"그럼 둘라는……감싸 주는 사람?"

우리집 둘째가 초등학교 1학년 때 내게 물었다.

"엄마가 원장이니까 대장이야? 조산사가 높아, 둘라가 높아, 엄마가 높아?"

"그런 건 없어. 그냥 다 자기 일을 하는 사람들인 거야. 너 조산사가 뭐 하는 사람인지는 알아?"

"애기 받는 사람."

"그럼 의사는?"

"수술하는 사람?"

슬프다. 아이들의 머릿속에조차 산부인과 의사는 아기를 낳기 위해 수술하는 사람으로 각인되어 있나 보다. 아니면 본인이 수술로 태어난 걸 알고 그런 말을 하는 것일까?

"그럼, 둘라는?"

"감싸 주는 사람?"

진통하면서 힘들어하는 산모 옆에서 평정심을 유지하면서 산모를 도울 수 있는 남편은 사실 정말 드물다.

남자와 여자는 태어날 때부터 다르다. 여자에게는 모성 본능이라는 게 그야말로 '본능'으로 있지만 남자들은 그렇지 않다. 그렇기 때문에 남자들에게 혹은 남편들에게 아파하는 산모를 온전히 지켜봐 주라고 요구하는 것은 처음부터 지나친 기대인지도 모른다. 이는 간호사라는 직군에 남자보다 월등히 여성이 많이 포진해 있는 것과도 같은 이치인지 모른다. 물론, 모든 남자가 다 그렇지는 않지만 말이다.

산모를 돕는 사람들

그렇기 때문에 둘라라는 존재는 산모에게 반드시 필요한 존재이기 이전에 남편의 짐을 덜어 줄 수 있는, 남편에게야말로 반드시 필요한 존재일 수 있다. 그래서인지 훌륭한 둘라는 본인이 남편의 역할을 빼앗아가는 것이 아니라 남편을 앞세우고 본인들은 산모의 뒤에 서서 그들 둘만의 출산에서 스스로 그림자가 되기를 자처하며 전적인 서포트를 해 준다.

자연주의 출산에서 산모를 돕는 사람들은 크게 세 부류로 나눌 수 있다. 의사, 조산사, 그리고 둘라(doula).

의사는 전 출산 과정을 지켜보면서 의료적으로 도와주고 상의하는 사람이다. 의사는 출산 시 다음 단계에 일어날 일반적인 과정을 잘 알고 있는 상태에서 그 과정을 기다리고 산모의 몸을 지켜봐 준다. 의사가 산모에게 해 주어야 할 가장 중요한 일은 충분한 조언과 충분한 안심, 충분한 도움이다.

산모 한 명 한 명의 출산 과정에서 조산사는 리더 역할을 한다. 조산사는 '의료법'에 규정된 의료인이다. 전통적인 출산 과정에는 산파라는 게 있었고 조산사는 산파에서 유래한다. 조산사는 임신 기간 동안 임산부의 건강 상태를 점검해 주고 관찰하며 상담이나 검사 등을 도와주기도 한다.

또한 산모의 음식과 태아의 건강에 관해 산모와 가족들에게 조언하고 분만 진통 중에는 산모를 안정시키거나 약물 치료를 보조하기도 한다. 신생아를 받아 내고, 산모 및 신생아가 정상적인 상태를 유지하도록 산후 검사 및 치료를 하는 것도 조산사의 몫이다.

우리나라의 조산사는 간호사 면허를 가지고 보건복지부장관이 인정하는 의료기관에서 1년간 조산의 수습 과정을 마치거나 또는 보건복지부장관이 인정하는 외국 조산사의 면허를 받은 자로서 한국보건의료인국가시험원이 시행하는 조산사국가시험에 합격한 다음 면허를 받아야 한다.

조산사는 자신의 조산원을 개업할 수도 있고 병원이나 의원 분만실에서 근무를 할 수도 있다. 아기를 낳는 과정이 가정 출산에서 병원 분만으로 바뀌면서 많은 조산원들이 문을 닫았지만 자연주의 출산에 대한 관심이 점차 높아지고 있는 요즘, 조산사의 역할은 다시 각광받고 있다.

안도감을 주는 사람, 둘라

자연주의 출산에서 특징적인 역할은 둘라이다. 의사도 간호사도 둘라도 모두 아기를 낳는 산모를 도와주는 역할을 하지만 둘라에게는 특별히 '인간 진통제'라는 애칭이 있다. 실제로 둘라가 함께해 준 출산에서는 무통주사나 제왕절개의 비율이 더 낮다는 보고도 있다.

조산사와 둘라가 어떻게 다른지는, 간호사와 간병인이 어떻게 다른지를 생각해 보면 쉬울 것이다. 간호사는 의료인으로서 전문 교육과 면허를 받은 사람이다. 그러나 간병인은 나름의 교육을 받는다면 더 좋겠지만 때로는 가족이 그 역할을 할 수도 있다.

둘라 역시 그렇다. 둘라로서의 교육과 경험이 매우 중요하지만 때로는 남편도 둘라 역할을 할 수 있다. 간병인은 24시간 환자의 수발을 들지만 간호사는 의료적인 문제가 발생할 때를 대비하여 환자를 관리한다. 둘라 역시 '보호자'처럼 산모를 24시간 보호하며 심리적이고 신체적인 부분을 보듬어 주는 역할이 강한 반면, 조산사를 비롯한 간호사는 산모의 분만 중에 발생하는 모든 문제들을 확인하고 의사에게 보고하는 역할을 한다고 생각하면 된다.

출산 과정에서 의료진인 의사나 조산사의 1차 임무는 안전한 분만이다. 그러나 둘라의 임무는 산모가 출산 전, 출산 도중, 그리고 출산 후 자신감을 갖게 하는 것이다. 우리나라에도 현재 상당히 많은 둘라들이 활동하고 있으며 이들의 경험은 극히 초보 수준부터, 웬만한 의사나 조산사들보다 훨씬 더 넓은 수준까지 천차만별이다.

그런데 확실한 것은 남편이 출산 동반자로서 적절한 역할을 수행할 수 없는 경우는 물론이고 남편이 있더라도 두 사람의 안락한 출산을 위해서는 둘라를 고용하는 것이 더 좋다는 것이다.

요즘처럼 아이들을 한둘씩밖에 낳지 않는 시대에 출산의 경험이라고

는 전무한 이 커플들에게 출산을 많이 경험해 본 둘라들의 정신적인 지지는 의료인이 가져다주는 '의학적인 안심'과는 전혀 다른 '안도감'을 심어 준다. 저절로 산모와 남편을 이완시키며, 이들 사이에 마치 공유하는 에너지의 흐름이 있는 것처럼, 혹은 공유하는 기의 흐름이 있는 것처럼 그녀들이 있는 공간은 언제나 긍정의 기운이 넘쳐난다.

언제나 기댈 수 있다는 것

둘라가 있으면 좋다는 것. 이는 인간의 본능과도 같은 것이다. 산에 올라가면서 힘들면 지팡이에 기대게 되고, 무서운 골목을 지날 때 나도 모르게 옆 사람의 손을 꼭 쥐게 되고, 번개가 칠 때 옆 사람 품으로 들어가게 되는 것처럼, 둘라는 지금까지 경험해 보지 못한 출산이라는 산을 넘기 위한 동반자인 것이다. 옆에서 그냥 손잡을 수 있는 사람, 어찌 보면 소화기 같은 그런 존재들. 우리 주변에 있는 듯 없는 듯 하면서 없어서는 안 되는 출산의 길잡이가 둘라일 것이다.

둘라. 적어도 출산에서만큼은 누가 뭐래도 내 편이 되어 줄 사람이자, 인간 진통제임에 틀림없다. 물론 둘라와 함께 출산하기 위해서는 더 많은 비용이 들어갈 수밖에 없다. 병원에서 무통주사를 맞는 것은 국가의료보험이 적용되어 비용이 매우 저렴한 것에 비하면 둘라와 함께 출산하는 데는 정말 많은 비용이 든다.

비용에 대해 이러쿵저러쿵 말하기는 참으로 어렵다. 하지만 적어도 둘라와 함께함으로써 나와 아기가 안전하다는 것, 내가 무통주사 없이도 얼마든지 아기를 낳을 수 있다는 것, 그녀들로부터 아기를 조금 더 아름답고 인간답게 낳을 수 있는 방법을 터득할 수 있다는 것 등, 비용 이상으로 그녀들과 함께해서 얻을 수 있는 것이 정말 많다는 것을 둘라와 함께 출산해 본 사람이라면 알고 있을 것이다.

나는 3박 4일의 긴 출산을 마치고도, "선생님 우리 산모 훌륭하죠, 어떻게 그렇게 잘 버틸까요?" 하며 환히 웃고 나오는 둘라들을 볼 때마다 인간적인 경외심이 든다.

그저 수영장의 가디언들처럼 이리저리 왔다 갔다 하면서 산모의 태동 검사에만 집착하며 어떻게 해서든지 일을 빨리 끝내고 쉴 궁리만 하고 있는 우리 같은 기능직 의사들이 이해하기에 그녀들이 가지고 있는 정신적인 에너지와 교감 능력은 훨씬 더 고차원적이며 인간적인 것인지도 모른다.

어떻게 감히 이해할 수 있을까? 나는 그들의 마음속을 알지 못하지만 그들의 선량함은 느낄 수 있으며, 그들을 통해 의사는 절대 할 수 없는 다른 종류의 희생 정신을 보곤 한다.

시계는 없어도 됩니다

출산은 이론이 아니니까

때로는 자연주의 출산을 향한 남편의 의지가 너무 강해서 힘들어하는 산모들을 볼 때가 있다. 누구나 심리적인 마지노선이라는 것이 있는데 그 선을 넘어서, 남편의 의지를 따르지 않으면 싸움이 나는 경우도 심심 치 않게 경험하곤 한다.

사랑으로 만든 아기이기에, 정성 들여 함께 태교를 하고 예쁘고 평화 롭게 함께 출산한다는 취지에는 절대 공감하지만, 출산을 몸소 경험하 는 여자 입장에서, 남편이 너무 강하게 본인 뜻을 굽히지 않는다거나 강 요하는 것은 평화롭고 아름다운 자연 출산과는 거리가 먼, 남편의 아집 과 고집일 수 있다.

시계만 보는 남편들

이론에 강하고, 과학을 좋아하고, 통계를 믿는 남편들은 출산을 이론 으로 공부하고, 과학적인 근거를 따지며 통계적인 가능성을 믿고 '베팅'

을 한다. 오늘 몇 시에 입원해서 몇 센티미터가 열렸으니 몇 분 간격으로 진통이 와야 할 것이고, 몇 시에 출산이 될 것이라는 본인만의 계산을 하고 오는 것이다.

"진통 온다, 오지? 아프지? 이제 아플 거야."

시종일관 시간 간격을 재 보면서 아파 죽겠다는 산모의 귀에 곧 더 아파 올 것임을 알리는 말만 하는 남편이 아주 가끔 있다. 산모에게 집중하고 있는 것이 아니라 시간에 집중하고 있는 것이다.

시간은 산모 몸의 리듬과는 다를 수 있으며, 이 리듬은 산모의 몸을 통해 남편이 자신도 몸으로 느껴야만 알 수 있는 것이다. 시계만 줄곧 쳐다본다고 될 일이 아닌 것이다. 이런 분들은 아무리 시계를 보지 말라고 이야기하고 산모에게 집중하라고 해도 절대 집중을 못 하고 스마트폰과 손목시계에 매여 본인을 시간 안에 가두어 버린다. 정말 답답하기 그지없고 산모가 안타깝기만 하다. 어차피 아플 텐데, 몇 초 뒤에 아플 것이라고 뭐 하러 말해 주는지 모르겠다.

우리 병원 탄생의 집에는 어디에도 시계가 없다. 연연해하지 말라는 뜻이다. 아기는 시간이랑 상관없이 나온다. 아주 단순한 진리다.

'좀 더'라고 하지 마세요

"조금만 더, 좀 더……"

수술을 앞두고, 혹은 이미 산모가 수술을 결정한 이후에도 여전히 미련을 버리지 못한 남편들에게 듣는 말 중 이 말은 정말 난감하기 그지없는 말이다.

우리 병원에서 수술을 하는 경우는 극히 예외적이며 진짜 어쩔 수 없는 경우이다. 지금까지 전체 출산 중 8퍼센트만 제왕절개를 했을 만큼 우리 병원에서의 제왕절개는 특별하다. 그만큼 반드시 이유가 있고, 산모가 결정할 때에만 한다는 뜻이기도 하다.

진행이 너무 느려 산모가 도저히 감당할 수 없을 지경까지 갔지만 여전히 아기는 괜찮다는 이유로 조금 더, 조금 더를 고집하며 의지가 전혀 없는 산모에게 억지로 진통을 견디게 하는 남편들이 가끔 있다.

출산은 아기가 버틴다고 무조건 될 일이 아니다. 아기를 담고 있는 엄마도 버틸 수 있어야 할 수 있다. 엄마가 체력이 바닥나고 호흡이 안 되며, 더 이상 본인 몸을 꼼짝할 수 없는데, 어떻게 아기를 지킬 수 있겠는가?

그럴 때는 아기를 지키기 위해서라도 엄마의 뜻을 들어 주는 것이 옳다. 엄마가 못 참아서 못 하는 것이 아니라 한계에 다다랐기 때문에 더 이상 할 수 없는 것이다. 여기에 '좀 더'라는 것은 있을 수 없다. 여기서 아빠의 의지로 '좀 더'를 외치는 것은 아빠의 욕심이다.

"참으라고, 더 움직이라고……"

물론 더 참을 수 있고, 더 움직일 수 있을 만큼 준비가 되어 있다면 정말 좋을지 모른다. 그런데 미안하게도, 그렇지 못하다면 자연 출산의 '이론'으로 산모의 마음을 바꿀 수는 없는 일이므로, 그럴 때는 더 참으라고, 더 움직이라고 강요할 것이 아니라, 그래도 더 잘할 수 있도록 약간의 의료적인 도움을 받는 것도 절대로 나쁜 일이 아니다.

많은 경우, 산모의 의지에 따라 상당한 부분이 달라지는 것을 경험한다. 각자 준비한 것이 다르며 각자 견딜 수 있는 고통의 한계도 다르기 때문에 책과 인터넷을 통해 본 남들의 이야기가 내 아내와 같지 않다고 해서, 내 아내가 이상하고 준비가 덜 되었다고 볼 수도 없는 일이고, 아

우리, 잘 낳을 수 있어요

무리 준비가 잘 되었다고 하더라도 자연스럽게 진행이 되지 않는다면, 이럴 때는 조금 도움을 받는 것도 나쁘지 않다.

약물을 쓴다고 죄책감에 빠지게 하는 남편들과 약을 쓰는 것이 마치 아기에게 독약이라도 주는 것인양 산모를 비난하는 남편들, 과연 본인들이 아파도 그럴 것인지?

엄마 몸에서 일어나는 일

아빠는 절대로 아기를 낳을 수 없고, 아기를 낳아 본 산모의 고통의 크기를 가늠할 수 없다. 짐작은 어림치이며 현실적인 측정치가 아니기 때문에, '그러겠거니……' 하며 산모에게 어떠한 말도 해서는 안 된다.

남편에게 끊임없이 '자연 출산'을 강요받은 산모들은 자연스럽게 아기를 낳기가 힘들다. 자연스럽게 사랑을 하여 자연스럽게 옥시토신 넘치는 생활을 해 왔던 부부라면 모를까. 출산을 이론으로만 알고, 마지막에 생전 나오지 않던 "옥시토신이 왜 안 나오느냐"며, "진통이 왜 진행이 안 되느냐"며 산모를 관찰만 하는 남편들은 스스로 산모의 출산을 방해하고 있는지도 모른다.

'옥시토신'은 사랑의 호르몬이라고 알려진 호르몬으로, 남녀가 사랑하는 동안, 출산할 때, 모유 수유시 분비된다고 한다. 프랑스인 산과 의사 미셸 오당(Michel Odent)은 〈사랑의 과학화(The Scientification of Love)〉라는 책에서, "우리가 어떤 형태의 사랑을 생각하든 거기에는 옥시토신이 포함되어 있다"라고 말했다.

의료진의 개입을 최소화한 자연 출산을 하는 경우 스스로의 만족감과 아이와의 유대감, 가족, 특히 남편의 사랑을 느끼면서 '옥시토신'이 더 많이 분비되고 이로 인해 자궁 수축이 잘 되고 자궁 경부가 잘 열릴 수 있다.

자연 출산이 좋다는 것을 누가 모르겠는가? 상황을 보고 '그녀'에게 맞는 말과 행동을 해 주는 지혜로운 남편들이 부디 조금 더 많아지기를 기대해 본다.

> 아빠는 아기를 낳을 수 없습니다.
> 도와줄 수 있습니다.
> 엄마가 원하는 방향으로 잘 낳을 수 있도록 도와주세요.
> 아빠가 원하는 대로 안 된다고 잘못되는 것이 아닙니다.
> 아빠가 원하는 것을 산모가 안 들어 준다고 화내지 마세요.
> 수술도 출산도 모두 결국 엄마 몸에서 일어나는 일입니다.

작은 기적을 만드는 사람들

서로 사랑하는 부부, 엄마의 사랑을 믿는 아기

나는 자연주의 출산에서 가장 어려운 것은 '난산'이라고 생각한다. 아기는 괜찮은데 엄마 아빠는 지쳐 가고 시간이 적게도 많이도 지나지 않았을 때 말이다. 응급은 아니지만 될 것도 같고, 안 될 것도 같은 그 순간들, 그 시간들이 나에게는 내가 산부인과 의사로, 어떤 결정을 내리기에 가장 어려운 순간인 것 같다. 난산, 여러 번 겪었지만 겪을 때마다 새롭고 힘들고 눈물 나는 현장에서, 나는 늘 기적이 일어났다고 생각한다.

난산, 흔히 진통이 지속돼도 아기가 안 내려오는 경우를 말한다. 조건이 좋지 않은 골반을 가지고 있던 엄마가 4.33킬로그램 정도의 아기를 낳은 것처럼 말이다. 안 내려오지는 않지만, 오래 걸리는 것.

보통 남편들은 안 내려오거나, 골반이 안 좋다는 소리를 들으면 조급해한다. 말로는 조급해하지 않는다고 하면서 표정이 안 좋아지거나 예민해진다.

엄마들은 무통주사를 원했으나 남편의 반대로 못 하게 되는 경우, 격

앙된 반응을 보이는 경우가 많다. 난산의 경우는 더 그렇다.

겨우 참은 거야

하루 종일 진통을 하고도 겨우 3센티미터밖에 진행이 되지 않은 경우가 있었다. 밤새 간신히 7~8센티미터까지 진행되었지만, 자궁 입구가 다 열리고도 아기가 한참을 내려오지 않았다.

무통주사에 대한 이야기와 수술에 대한 이야기를 안 한 것은 아니다. 엄마도 포기하고 싶을 만큼 힘든 순간이 있었고, 아빠도 자연주의 출산을 선택한 것을 후회할 만큼 어려운 순간도 있었다. 특히 엄마가 무통주사를 하고 싶다는 말을 했을 때, 또 의사가 너무 오래 걸리면 수술하는 것도 좋을 수 있다는 말을 했을 때 말이다.

그러나 아빠는 확신이 있었고, 엄마는 그 아빠의 확신에 기댈 수 있었다. 그것이 자연주의 출산에 대한 강요가 아닌 아기에 대한 사랑임을 잘 알았다. 그래서 힘들어도 수긍할 수 있었고, 매 진통 사이사이마다 웃을 수 있었다. 그래서 너무 오래 지쳐 힘들 때 회음 절개를 하고 약간의 압박을 시켜 아기를 낳는 한이 있더라도 괜찮을 수 있었다.

자연주의 출산이라는 타이틀에 걸맞은 출산을 하기 위해서가 아니라, 부부가 아기를 위해 할 수 있는 최선의 결정을 하기 위함이었고, 사랑을 확신할 수 있는 순간이었기 때문이다.

36시간을 넘겨 만난 4.33킬로그램의 아기. 36시간이 지나도 기다리니 아기가 나왔다는 흔한 스토리일 수도 있지만, 나는 그 부부를 보며 '부모라면 이들처럼 해야 하지 않을까' 하는 생각을 했다.

"무통주사 정말 하고 싶었어. 정말 오빠가 하지 말라고 해서 안 했지만, 정말 하고 싶었어. 나 진짜 수술도 하고 싶었어, 겨우 참은 거야(웃음)."

기적 같은 순간들

자연주의 출산을 도우면서, 나는 강한 모성애와 부부애가 만들어 내는 기적 같은 순간을 경험한다.

보통 아기들처럼 머리가 먼저 나오는 게 아니라 엉덩이가 먼저 나오는 둔위(臀位) 출산, 제왕절개 후 다음 출산에는 자연 분만을 하는 브이백(VBAC, Vaginal birth after c/section)에 성공하는 엄마들, 더없는 난산을 이겨 내는 엄마들, 힘든 아기를 위해 자기 몸을 희생해 기꺼이 제왕절개하는 엄마들, 밤잠 설쳐 가며 내 아기에게 한 방울이라도 모유를 더 먹여 보려는 그 노력의 순간들.

이 모든 순간들은 모성이 아니라면 절대 불가능할 기적을 일으키는 엄마들의 힘이다. 믿어야만 가능하고, 믿는 대로 행하기 위해 노력해서 그 결실로 기적을 만들어 내는 엄마들 말이다.

자연주의 출산을 결심하는 많은 엄마들은 그러한 기적을 우리들에게 보여 주며 우리를, 나 같은 하찮은 의사를 더욱더 겸손하고 낮게 만들곤 한다.

아기들은 웬만해서는 엄마가 자기를 사랑하고 있다는 사실에 대해 의심하지 않는다. 아무리 엄마가 힘들어하고, 그만하고 싶어도, 그 긴 진통을 견디고, 엄마가 주는 산소에 의지해 호흡하며, 엄마가 주는 대로 먹으면서, 엄마가 하라는 대로 하면서 세상을 맞이할 준비를 한다. 이 또한 기적이다.

좁은 산도를 통과하기 위해 머리 모양을 변형시키며 낮은 산소 농도를 견디면서도 단 한번도 심박 수가 떨어지지 않는 아기들을 볼 때마다, 나는 아기들이 가지고 있는 무한한 잠재력뿐만 아니라, 이 아기들이 가지고 있는 엄마의 사랑에 대한 확신을 보고 놀라고 감탄한다. 어쩌면 어른들이 주는 것 이상으로 아기들은 견디고, 어쩌면 어른들이 정말 못 한다고 할 때까지도 우리를 다독이는 것은 바로 이 아기들인지도 모른다.

부부가 함께 하는 것

자연주의 출산은 부부가 함께 해야 하는 과정임을 누구나 잘 알고 있다. 말로는 쉽지만 두 부부가 똑같은 목표점을 가지고 있기란 정말 쉽지 않다. 몇십 년을 따로 살다가, 이제 부부가 되어 보낸 몇 년, 혹은 몇 개월의 시간 동안 같은 지향점을 갖는다는 것이 어찌 쉬울까.

그러기에 자연주의 출산을 하는 부부들은 출산 계획서를 만들고 고치고 대화하면서, 자신들이 원하는 자연주의 출산의 모습이 무엇인지를 고민한다. 그러면서 서로의 인생을 돌아보며 계획을 세우고, 아기에 대한 기대보다는 설렘을 키우는 것이다. 삐걱거리고 다툼이 있더라도 서로에 대한 믿음이 있는 부부라면 열 달의 기다림을 지나 만나는 그 하루

를 갈등하며 보내지 않는다.

　결과가 실망스럽더라도 서로 격려해 줄 수 있는 것이 자연주의 출산을 준비하는 부부의 마음이다. 그렇게 매일매일 작은 기적을 만들어 내는 부부의 노력으로 아기는 태어난다.

　그런 부부들이 많아졌으면 좋겠다. 순간순간의 위기를 넘기며, 그 위기의 순간마다 서로를 향한 신뢰와 사랑을 더 키울 수 있는 부부들 말이다. 그 사랑으로 아기를 이렇게 잘 만날 수 있는, 그런 부부들 말이다.

'우리'는 할 수 있어요

낮은 제왕절개율의 비밀

내가 자연주의 출산 병원을 운영하면서 확실하게 깨달은 것은 우리나라의 제왕절개율이 너무 높으며, 이들 중 상당수는 불필요하다는 것이다. 지금 우리 병원의 제왕절개율은 8퍼센트 정도이고 WHO의 권장 제왕절개율 15퍼센트를 훨씬 밑돌고 있다. 다른 병원에서는 제왕절개로 분류될 산모들도 우리 병원에서는 잘 낳는다는 의미이다.

이들 중 상당수, 사실 거의 80퍼센트 가량의 산모들이 입원 후 출산까지 4~5시간 정도면 충분하다. 아무런 의료적인 처치를 받지 않고 80퍼센트 가량의 산모들은 자연스럽게 자연진통으로 밤중에 아기를 낳는다. 자연스럽게 조절하지 않고, 산모와 남편이 아이의 엄마로서, 아빠로서의 역할을 잘 하다 보면, 아기가 적절한 시기에 잘 태어나, 건강하게 세 사람이 만날 수 있다는 말이다. 이렇듯 의료 개입 없이 아기를 낳는 80퍼센트와 일부 의료 개입을 통해 자연 분만을 하는 10~20퍼센트의 산모들을 합하면 90퍼센트 이상의 산모들이 여하튼 자연 분만을 하는 곳이 우리 병원이다.

열에 한둘이 어렵다

무슨 차이가 있는 것일까? 왜 다른 곳에서는 35퍼센트 이상의 산모들이 제왕절개를 할 수밖에 없는가?

의료 개입이 필요한 일부 10~20퍼센트 산모들은 2~3일 걸려 예측할 수 없는 경과를 보이며 출산까지 어렵게 하는 경우이다. 그 10~20퍼센트의 산모들, 이들 중 절반은 제왕절개를 하고, 나머지 절반은 자연 분만을 한다. 이분들, 그렇게 어렵게 진행을 하여 겨우 출산까지 온 산모들. 이분들을 어떻게 진행하느냐에 따라 우리 병원의 제왕절개율은 조금씩 달라진다. 실제 2015년 9월에는 제왕절개를 한 명밖에 하지 않았지만, 2015년 10월의 경우는 첫 출산부터 제왕절개로 시작되더니, 다섯 명이 넘는 산모가 제왕절개를 통해 아기를 만난 적도 있다.

이렇듯 의료 개입이나 어떠한 의료적인 조언이 필요한 10~20퍼센트 가량의 산모들을 어떻게 보느냐에 따라 그 병원의 제왕절개율은 많이 달라지게 된다.

사실 그냥 낳을 수 있는 산모들도 치료의 대상으로 생각한다면 제왕절개율은 더 높아질 수밖에 없다. 이는 멀쩡하게 잘 지내던 사람에게 MRI 등의 영상 검사에서 관절염이 의심된다고 갑자기 부목을 대고 못 움직이게 하는 것과 비슷한 것이다.

여하튼 이 10~20퍼센트의 산모들은 의료진 입장에서는 매우 어려운 고객들이다. 잘 낳으면 아무 문제가 없겠지만, 어렵게 낳을 가능성이 눈에 보일 때에는 어떠한 고객이냐에 따라 상당 부분 접근 방식이 달라지기 때문이다. 어쩌면 의료진 입장에서 가장 쉬운 결정은 당장 제왕절개로 아기를 '꺼내는' 것이다. '애매'하면 제왕절개를 해 책임질 일을 만들지 않는 것이 어찌 보면 가장 쉬운 결정이다.

산모와 남편의 입장에서는 이러다 잘못될 수도 있다는 불안감, 체력, 심리적인 갈등과의 싸움일 것이다. 여기까지 왔는데, 정말 힘들게 여기까지 와서 이제서야 제왕절개를 할 수는 없다는 마음과, 이제라도 제왕절개를 해서 빨리 아기를 보고 좀 쉬고 싶다는 마음과의 갈등. 의료진의 마음속에 일어나는 불확실성에 대한 불안감보다 산모들의 그것은 몇 배나 더 클 것이다.

의료진도 산모측도 힘든 그 며칠은 동시에 모든 이들의 밑바닥을 보여 준다. 시간이 지날수록 한 팀으로, 한 가족으로 끈끈해지는 경우가 있는가 하면, 왜 이렇게 '기대했던 대로' 안 되느냐며 서로 남 탓만 하는 경우도 생긴다.

서로 믿고 또 믿는다

우리 — 이쯤 진행되면 의료진도, 산모 가족도 식구 같은 마음이다 — 에게 필요한 것은 할 수 있다는 믿음과 확신이다. 적어도 아이가 괜찮고 산모가 아직 버티고 있다면, 우리는 서로의 용기를 꺾는 부정적인 말을 하기보다 사실에 입각하여 '사고'하고, 그것을 근거로 서로에게 용기와 희망을 주는 존재가 된다.

의료진은 산모를 보며 믿음을 갖고 확신을 갖게 되며 산모는 의료진을 보며 더 할 수 있다는 희망을 보게 되는 것이다. 그러기에 서로에게서

후광을 볼 수 있고, 서로를 의지해 더 잘할 수 있는 것이다. 여기서 누구 하나라도 더 못 하겠다는 말을 하면, 그 순간 그 방의 모든 리듬은 깨지게 되고, 간신히 붙잡고 있던 희망은 모두 다 사라지고 만다.

적어도 그 순간에 객관적으로 안 되는 것이 끼어 있지 않다면 주관적으로 안 될 것 같은 느낌을 가지고 그렇게 결정을 할 수는 없다. 객관적으로 아이의 심박 수가 흔들리거나, 산모의 체력이 고갈되어 더 이상 할 수 없는 상태가 아니라면 시간이 너무 오래 걸려 이러다가 잘못될 것 같다는 느낌만으로 불안해하여 책임 회피 차원의 제왕절개를 결정해서는 안 된다는 뜻이다.

그래서 그 며칠 동안, 서로가 우리가 되어 의지하며 최선을 다해 보았지만 그래도 안 된다면 제왕절개를 해도 어쩔 수 없다. 하지만 누군가가 "뭐 하러 그렇게 하느냐"는 말로 의지를 꺾어서 제왕절개를 한다든지, "이러다 잘못되면 어떻게 하려고 하느냐"는 불안감을 조성하는 말로 제왕절개를 '유도'해서는 안 된다. 그 며칠 동안 우리들에게 필요한 것은, 되든 안 되든 할 수 있다는 용기와 믿음뿐이다.

"어떻게 이렇게 제왕절개율이 낮을 수 있나요?"라고 많은 선생님들이 묻는다. 젊은 산모만 받거나, 경산모들만 받는 것은 아니냐고 묻기도 하고, 키 큰 산모만 보는 거 아니냐고 농담 섞어 묻기도 한다.

하지만 우리 병원은 오히려 다른 병원에 비해 고령 산모가 월등히 많고, 키 작은 산모도 무척 많고, 브이백, 둔위, 쌍둥이 등 다른 병원에서는 시도조차 하지 않는 분만 케이스의 산모도 많다.

어떻게 이렇게 제왕절개율이 낮을 수 있냐 하면……

키가 크건 작건, 나이가 어리건 많건 간에, 적어도 출산을 온몸으로 맞이할 몸과 마음의 준비가 200퍼센트 되어 있는 산모와 남편 덕이 가장 크다. 그리고 21세기의 삭막한 의료 현장에서 의료를 인간적으로 풀어낼 수 있는 인간미 넘치는 의료진 덕도 조금은 있을 것이다.

그렇게 며칠을 버티고 이겨 낼 수 있는 힘으로 20퍼센트의 산모들을 보고, 자연스럽게 낳을 수 있는 80퍼센트의 산모들에게서 순산의 기운을 받으며 우리 병원은 한 걸음 한 걸음 가고 있다.

지금까지처럼, 앞으로도 '우리'로 함께할 수 있기를 바란다.

자연주의 출산, 자연 출산, 자연 분만, 뭐라고 부르든……

여성의 출산은 원래부터 안전했다

병원에서는 아기 낳는 것을 분만이라고 하고, 아기 낳는 곳을 분만실이라고 한다. 의과대학 시절에도 나는 이 말이 무척 어색했다. 게다가 분만이 영어로는 'delivery'라는 사실을 알고 더 경악했다. "delivery? birth가 아니고 delivery? Happy birthday가 그럼 Happy delivery day라는 거야?"

의학 용어 중 상당 부분은 일본어식 표기라는 것도 알고 있고, 의학 용어가 사실 별게 아니고 미국말과 별반 차이 없다는 것도 알고 있었지만, 분만과 delivery의 이상한 느낌은 지금도 어색하다.

그럼 출산? 그건 안 어색한가? "애를 낳았어"라는 말은 안 어색한데, 왠지 '출산'이라고 하면 동물이 새끼 낳는 것을 일컫는 것 같아 나는 이 말도 어색하다. 사극을 보면 중전마마의 해산일이라고 하지, 출산일이라고는 하지 않는 것 같은데, 거기에 '자연주의 출산?'이란 대체 뭐야? 나로서는 처음에 그 말에 대한 거부감이 상당했다.

게다가 국립국어원 『표준국어대사전』에 의하면, 사람이 아기를 낳을 때는 출산이라는 말보다는 해산이나 분만을 써야 옳을 것 같다. 하지만 요즘 분만은 의료진의 개입과 주도로 아이를 낳을 때 주로 쓴다. 하여튼 모두 어딘가 다 좀 이상하다.

분만은 의료적이므로 억지스러운 아기 낳기를 말하는 것이고, 출산은 기다림을 의미하는 자연스러운 아기 낳기를 의미한다는 말에 일부 동의하기도 하지만, 일부는 동의하지 않기도 한다. 해석의 차이일 뿐이다.

어찌 되었든 2012년에 모 공중파 방송에서 "자연주의 출산 보고서"라는 프로그램을 방영하면서 현재는 '자연주의 출산'이라는 말이 하나의 용어처럼 받아들여졌다.

나로서는 '의료진의 개입을 최소화한 가장 자연스러운 아기 낳기'를 표현하는 말로서 '자연주의 출산'이라는 말이 가장 적절하다고는 생각하지 않지만 또 다른 적당한 말을 찾지도 못했기에 '자연주의 출산,' '자연 출산'이라는 두 가지 말을 거의 같은 의미로 사용하고 있다.

자세히 알수록 유능한 의사인가

자연주의 출산을 공부하면서, 혹은 습득하면서 나는 내가 교과서에서 배웠던, 혹은 선배 의사에게 전수받은 내용 중 상당수는 구조만 이해하고 기능은 이해하지 못했던 단편적인 지식이었다는 사실을 깨달았다.

의대 본과 1학년 때부터 골학(osteology)를 배우면서 뼈의 이름과 붙어 있는 위치를 배우고, 근육학(myology)을 배우면서 근육의 시작점과 끝점, 그 변화와 역할을 배웠지만, 그것들만으로는 알기 어려운 신체의 밸런스, 통합에 대한 것은 전혀 생각하지 않았던 것이다.

인턴 과정 동안 여러 과를 돌면서 특히 응급실 인턴을 할 때 응급환자임을 자처하는 수많은 환자들 중 상당수는 단순 감기와 단순 복통이었으나, 그걸 알아내기 위해 모든 과가 동원되어 최소 여섯 시간 이상의 진단 과정을 거쳐야 했다. 모든 검사가 정상이라는 것을 확인하고서야 단순 감기, 단순 복통이라는 것을 결론짓게 되는 의료 현장을 몸소 체험하면서 나는 인체를 하나의 유기체로서가 아니라 각기 다른 장기가 그저 서로 붙어 있는 것 정도로만 이해했던 것 같다.

가정의학과 레지던트를 거치면서 통합의학에 대한 겉핥기를 했지만, 통합의학의 정신에 대한 것을 이해하는 것에 그쳤을 뿐, 그리고 오히려 통합의학에 대한 겉핥기에 지나지 않는다는 부정적인 생각을 더 많이 하게 되었을 뿐이다. 이것은 내가 가정의학을 공부하면서도 통합의학에 대한 확신이 없었다는 뜻이다.

뭔가 좀 더 속으로 들어가, 좀 더 세부적으로 그것에 대해서만 자세히 알아야만 전문가라고 불릴 수 있지 않을까 하는 안일한 생각을 했던 것이다. 그래서 그때는 진정한 의사가 되기 위해서는 세부 전공을 더 자세히 공부해야 한다고 생각했었다.

오랜 고민 끝에 원래 하고 싶기도 했고, 그냥 해야겠다고 생각한 산부인과로 전공을 바꾸면서, 난 뭔가 진짜 더 세부적인 전공을 하고 있다는 생각에 한결 마음이 편해졌다. 뭔가 통합의학을 한다고 말하면서 내 스스로 거북하게 느껴졌던 것이 말끔히 해소된 느낌이었다.

교과서도 이랬다가 저랬다가

그런데 산부인과를 전공하게 되면서 나는 산과와 부인과를 더 잘 알게 되었을까?

교과서는 온통 알쏭달쏭한 말들뿐이었다. 가정의학과 교과서에서는 주로 근거가 부족하므로 함부로 약을 쓰거나 진단적인 검사를 하지 말라고 하면서 '환자를 통해 가능한 모든 정보를 얻어 내기'를 권하고 있었지만, 산부인과 교과서는 온통 곳곳에 도사리고 있는 예기치 않은 문제를 해결하기 위해 필요한 모든 검사를 시행하여 환자에 적용하기를 권장하고 '안전하지 않으므로' 무조건 수술, 무조건 검사라는 말뿐이었다. 또, '이런저런 균 등에 의해 조산 등의 문제가 생긴다고 알려져 있기는 하나, 그런 균을 일찍 치료한다고 해서 조산이 예방되는 것은 또 아니다'라는 애매모호한 말들이 쓰여 있었다.

그 사이에 산과 교과서와 부인과 교과서가 몇 차례 바뀌었고, 내가 인턴 때만 해도 폐경이 되자마자 폐경기 호르몬 대체요법을 하라고 쓰여 있던 부인과 교과서는 그 다음 판에는 유방암 발병률이 높아지고 심혈관계 질환이 높아진다는 이유로 폐경기 호르몬 대체요법을 되도록 짧게 하라고 했다가, 그 다음에는 또 알고 보니 심혈관계 질환이 높아진다는 보고는 그 연구의 대상자가 너무나 나이가 많은 사람들이어서 그랬으니 일단 증상이 심하면 시작하는 것이 좋고, 폐경 이후 5년이 지난 다음에는 안 하는 것이 좋겠다고 했다가…… 등으로 계속 바뀌었다.

산과는 '브이백(VBAC, 제왕절개 후 자연 분만)'이 절대 안 된다고 했다가, 또 제왕절개율이 너무 높으니 하라고 했다가, 그래도 자궁이 터지면 큰일이니 또 안 하는 것이 어떻겠냐고 했다. 아기 머리가 위쪽을 향한 둔위도 그렇다. 절대 안 된다고 그랬다가, 둔위 회전도 해 보라고 했다가……

분만 진행도 마찬가지였다. 그리고 항상 마지막 결론은 '더 봐야 하지만, 지금까지는 그렇다더라'라는 식이었다. 정말 답답했다. 이건 세부 전공을 더 알기 위한 것이 아니라 세부 전공에 들어가서 세부 전공의 불확실성을 더욱더 확실하게 알게 된 느낌이니 도대체 나는 산과 의사, 혹은 부인과 의사로 남들에게 뭐 하나 권장하거나, 정답을 말해 줄 수 없다는 것만 확실해졌을 뿐이었다.

어쩌면 의학이 발전하면서 얻게 된 가장 확실한 결론은 어찌 됐건 사람은 결국 죽는다는 것이고, 지금의 의학은 어떻게 해서든지 좀 더 천천히 병을 진행시켜 천천히 죽음을 맞이하게 하기 위한 일종의 편법일 수도 있다고 할 만큼 의학의 발전은 우리에게 알쏭달쏭한 과거의 근거만을 남발하고 있는지도 모른다.

출산은 위험한 게 아니다

눈앞에서 분명 난산을 이겨 내고 산모 고집으로 출산을 하는 모습을 지켜보면서도 고개를 갸우뚱했고, 난소암 수술을 거부하고 산속에 들어가서 완치하고 온 사람들에게 '초기 진단이 잘못된 것이지, 암은 절대로 항암치료를 받지 않고서는 나을 수 없는 병'이라며 얕은 지식으로 오만했던 것 같다. 그리고 거기에 걸핏하면 소송으로 맞서는 산모들과, 예측할 수 없었다는 의사들의 싸움이 무섭기도 했다. 그래서 나는, 처음 전문의가 되었을 때 진료 현장으로 다시 뛰어들고 싶은 생각이 눈곱만큼도 없었다.

그러다가 운명의 장난처럼 "가만히 좀 있어 봐"라던 조산사 선생님이 있는 병원으로 가게 된 것이다. 그곳 원장님은 '원래 옛날에 아기는 모두 산파가 받았는데, 무슨 호들갑이냐'고 생각하시는 분이었고 진료만큼은 노터치로 일관하셨다. 첫 달을 제외하고 원장님은 나에게 진료에 대한 어떤 말도 하지 않으셨고, "가만히 좀 있어 봐" 조산사 덕에 나는 다소 위험스러워 보이는 태아 심박 이상에 대한 해석을 달리할 수 있는 '눈'을 갖게 되었다. 그리고 출산이 반드시 위험한 것만은 아니라는 생각을 하게 되었다.

거기에 나를 그곳까지 이끌었던 선배는 '안 되면 수술하지 뭐'라는 쿨한 생각을 가지고 있었기에, 나는 벌벌 떨면서 진통 과정을 볼 것이 아니고 '되면 되고, 안 되면 안 되는 것'이라는 초탈에 가까운 출산 철학을 얻게 된 것 같다. 자연스레 병원의 제왕절개율은 무척 낮았으며, 나는 무척이나 열심이어서 누가 시키지도 않았는데, 산모에 대한 애정으로 콜 분만을 자처했다.

그리고 『놀라운 아기 탄생의 순간』이라는 책을 읽고 나서, 나도 할 수 있을 것 같다는 자신감을 얻었고, 거기에 따라 주는 산모들 덕에 용기를 얻었다. 무엇 하나 확실한 것이 없어 보이는 산과 현장에서 가장 확실한 근거는 지금까지의 경험에 비추어 본 '감'이었고, 뭔가 확신이 서지 않을 때는 안전한 방법을 선택해야 한다는 선배들의 지혜로운 가르침에 따라 나는 정말 확신이 서지 않을 때는 과감하게 수술을 결정할 수 있게 되었다.

나는 매일 배운다

그리고 나는 내가 성경처럼 모시고 살았던 『윌리엄스 산과 교과서』가

편찬된 지 채 100년밖에 되지 않았으며 산과학이라는 것이 생긴 지도 채 100년이 되지 않았고, 불과 50~60년 전까지만 하더라도 대부분의 출산이 조산원과 가정에서 이루어졌다는 놀라운 사실을 알게 되면서 산과 의사의 역할에 대해 다시 생각해 보게 되었다.

우리는, 우리 산과 의사는 대부분의 정상 산모들의 정상 분만 과정에 보조 역할을 할 뿐이며 정말 응급인 경우를 걸러 내고 그에 도움을 주기 위한 8퍼센트의 '만일의 대비'라는 것이다.

산과학이라는 것이 '안전'을 위한다며 근 100년 동안 안 되는 온갖 이유를 찾아내는 동안, 다른 한편에서는 조산사와 둘라, 또 몇몇 깨어 있는 의사들이 당연히 되어야만 하는 출산의 자연스러운 진리와 그 안의 인간성, 그리고 그 안에 숨어 있는 놀라운 여성의 본능에 대한 '재발견'을 하고 있었다. 매일매일 새롭게 더 잘할 수 있는 방법이 속속 나오고 있는 동안에도 산과학은 그런 방법들에 대해 항상 'evidence'가 명확하지 않으며 별다른 차이가 없다는 말로 초지일관하고 있는 것이다. 그러면서도 산과 교과서는 매일 바뀐다.

나는 매일 산모들을 통해 새롭게 배운다. 조산사 선생님들을 통해 새롭게 배우고, 나를 통해서도 새롭게 배우고 있다.

자연주의 출산, 자연 출산, 자연 분만…… 뭐라고 부르든 간에 가장 중요한 것은 이것이다.

"여성의 출산은 원래부터 안전했으며, 다 자기들 편한 대로, 편한 데서 아기를 낳았다."

커도 돼요, 늦게 나와도 돼요.
아기가 아직 나올 생각이 없다잖아요.

우리,
잘 낳을 수
있어요

2부 _
자연주의 출산만이 정답은 아니다

바보 같은 일이라고 하더라도

우리는 처음부터 너를 존중했단다

자연주의 출산을 원해서 상담하러 오는 산모들에게 물었다. "왜 오셨어요?" 대답은 대개 이렇다.

"누구누구 소개로 왔어요. 좋다고 해서요."

"회음부 절개가 싫어서요."

"제왕절개가 싫어서요."

"다큐멘터리 봤어요."

"회복이 빠르다고 해서요."

"다른 병원에서 하는 게 무서워서요."

몇 안 되지만 "아기한테 좋을 것 같아서요"라고 대답하는 산모들도 있다. 또 "첫째를 낳을 때 기억이 좋지 않아서요"라며 눈물 짓는 산모도 있다.

맞다. 해 본 사람들이 좋다고 하고, 아프다는 회음 절개도 안 할 것 같고, 다큐멘터리에서 보니 그럴싸하기도 하고, 아기 낳고도 멀쩡하다고도 하고, 제왕절개도 많이 안 한다고 하고……

그러나 자연주의 출산이 어디 장점뿐이겠는가.

우리 병원을 찾아와 첫째 출산의 고통스러운 경험을 이야기하며 "반드시 그 상처를 씻고 가고 싶다"는 산모들이 있다. 꼭 그것처럼 첫째를 그럴싸한 '자연주의 출산'을 하고 다시는 그 고통을 겪고 싶지 않다며 다른 병원에서 다른 선생님 앞에서 "다시는 자연주의 출산을 하지 않겠다"는 사람들도 있을 것이다.

"정말 아파서 죽는 줄 알았어요."

"안 찢어진다고 하더니, 엄청 힘줘서 낳느라고 더 많이 찢어졌어요."

"진통 하다하다 고생만 하고 결국 수술했잖아요."

"겨우 낳았는데 아기는 중환자실에 갔어요."

"이건 정말 미친 짓이에요. 그 좋은 무통을 두고 왜 그런대요?" 등

너무 오래 걸려서, 그러다가 수술해서, 혹은 기대했던 것보다 회음부 손상이 심해서 등의 까닭으로, 본인이 그렇게 열망하던 자연주의 출산을 후회하며 다시 일반적인 가족분만실에서 무통주사를 맞고 고통스럽지 않게 아기를 낳고 싶어 하는 산모도 분명히 있을 것이다.

아기는 목숨 걸고 나오는 일

어떠한 분만 형태이든 아기에게는 일정 부분 고통이 따를 수밖에

없다. 출산 이후 아무 이상이 없었는데 호흡이 불안정하여 중환자실에 가서 관찰이 필요한 경우까지 생기는 것을 보면 정말 출산이라는 것은 아기에게는 '목숨 걸고' 겪어야 하는 일생일대 중요한 일임이 분명하다.

제왕절개로 태어난 아이들도 마찬가지다. 분만 진통이 없는 상태에서 멀쩡히 있다가 갑자기 배 밖으로 꺼내어져, 전혀 준비되지 않았는데 갑자기 폐 호흡을 하는 것도 아기 입장에서는 힘든 일일 수 있다. 자궁 속과 완전히 다른 세상을 맞이하는 아기들의 충격이 어떻게 하나도 없을 수 있겠는가.

엄마는 무통주사를 맞고, 진통을 겪지 않고 제왕절개를 해서 좋았을지 모르지만, 아기는 엄마의 과정이 어떻든지 간에 힘든 과정을 겪는 것이 틀림없다는 뜻이다. 그렇더라도 그걸 가지고 엄마들에게 선택을 강요할 수는 없다.

"아기가 힘들다는데?"

"옛날에는 다 그렇게 낳았어."

"왜 못 참아?"

이렇게 해서는 안 된다는 말이다.

다른 병원에서 일반적인 분만을 하는 사람들이 그걸 몰라서 그렇게 선택하는 것도 아니고, 그렇다고 해서 모성 결핍 수준이 심각하다고 섣불리 판단할 것도 아니다.

우리가 어떤 것을 선택할 때 가장 범하기 쉬운 실수가 남이 좋다고 해서 결정하는 태도인지도 모른다. 그건 남의 경험이지 나의 경험이 아닌데, 나도 그와 같은 경험을 할 것이라고 기대해서 오는 경우들은 그보다 더한 것까지 기대하고 오는 경우가 많아서 오히려 실망이 큰 경우도 적지 않다.

다는 모르겠지만

그럼 도대체 뭐가 좋아 자연주의 출산을 할까?

다는 모르겠지만, 아기랑 나랑, 남편이랑 함께 그 과정을 오롯이 우리 힘으로 해낼 수 있기 때문이다. 그 가치를 돈으로 환산할 수 있는지는 모르겠지만 말이다.

다는 모르겠지만, 훗날 아이에게 "엄마가 너를 위해 이런 남다른 선택을 했었고, 태어나는 순간부터도 그렇게 너를 존중하며 모든 것을 맞춰 준비했다"고 말해 주고 싶기 때문이다. 이것 역시 얼마의 돈으로 환산할 수 있을지는 모르겠지만 말이다.

다는 모르겠지만, 이렇게 오염된 세상 속에서 잘 모르는 신기술이 마구 나오고 있을 때, 오래전부터 엄마들이 해 왔던 방법대로 엄마 몸의 힘을 믿고, 조심스럽게 아기를 대하고 싶기 때문이다. 이렇게 발달한 시대에 과거의 방식을 고수하는 것은 돈으로 환산한다면 어쩌면 마이너스일지도 모르겠지만 말이다.

다는 모르겠지만, 다른 날도 아닌 아기의 생일에 아플까 무서워 벌벌 떨며 어떻게 해서든지 덜 아프게, 엄마 편하려고 도망치지는 않고 싶기 때문이다. 하지만 이것이야말로 타이레놀과 같은 진통제 선전이 남발되는 이 시대에 일부러 아프겠다니 돈으로 환산하자면 더더욱 마이너스가 심할지도 모르겠지만 말이다.

다는 모르겠지만, 아빠로서 내 자식 만나는 날 탯줄 자르는 것에만 그치지 않고 소중한 결혼식 계획처럼 아내와 함께 그 모든 과정을 함께 계획하고 마무리하고 싶기 때문이다. 바쁜 세상에 남편들이 돈 버는 것도 힘든데, 아기 낳는 것까지 함께 계획해야 한다면, 이건 자본주의 사회에서 엄청 바보 같은 일이라고 생각하는 사람들도 있겠지만 말이다.

하지만 그렇게 해서 우리는, 돈으로 환산할 수 없는 성취감을 얻는다. 우리는 돈으로 환산할 수 없는 우리 아기를 '처음부터 존중하는' 출산을 한다. 우리는 돈으로 환산할 수 없는 예전부터 지켜 온 신성한 출산을 태곳적 방법으로 안전하게 진행한다. 우리는 돈으로 환산할 수 없는 기쁨으로 아기의 생일을 맞이한다.

모든 것이 자본에 의해, 자본으로 환산되는 가치만 인정하는 이 시대에 '돈으로 환산할 수 없는 가치가 있으니 돈을 내라는 것'이 참으로 아이러니하긴 하지만, 여하튼 우리가 하는 자연주의 출산은 이런 것이다.

왜 한밤중에 태어나는
아기가 많을까?

그런 질문은 하지 마세요

"자연주의 출산은 비용도 많이 들고, 감염 위험이 더 높지 않나요?"

이런 질문을 간혹 받는다. 자연주의 출산을 하는 병원은 출산할 때 일반 산과 병원에 비해 훨씬 더 많은 인원이 함께하는 인력 중심 병원이기 때문에 비용이 다소 높은 편인 것은 사실이다.

그러나 감염 위험이 높다는 것에는 동의할 수가 없다. 일반 병원에서 선택한 시스템은 구획을 나누고 최대한의 비용 효과를 낼 수 있는 인력으로 운영하는 체제이므로 당연히 우리와는 다를 수밖에 없다.

그러나 이 시스템은 교과서적인 인력 구성이 절대 아니다. 책대로 하자면 분만 제2기에는 분명히 일 대 일로 간호를 하도록 되어 있으나 현재의 우리나라 분만 수가 체제로는 이 시스템을 도입할 수 없다. 결국 분만 의료 행위료를 제외한 나머지 부분들이 소비자의 몫으로 돌아가기 때문에 비용 증가가 발생한다.

참으로 안타까운 것은 이러한 비슷한 시스템을 가지고 있는 다른 국가의 경우는 대부분 국가의료시스템 안에서 조산사를 운영하므로 비용이 안 들거나 매우 낮다는 것이다. 같은 서비스를 개인이 돈을 내고 쓰느냐, 국가 서비스의 일환으로 쓰느냐의 차이를 떠나서 조산사 1인이 산모 1인을 보는 이 안락한 의료 서비스는 어찌 됐건 자연 출산의 낮은 제왕절개율과도 분명히 관련이 있다. 이 조산사들의 헌신적인 노력이 아니었다면 많은 산모들이 도중에 포기를 하였을지도 모르기 때문이다.

기다렸더니 아기들은 밤에 태어났다

감염과 관련해서는 양수가 터진다고 하더라도 반드시 감염이 된다는 증거가 없고 자연주의 출산이어서 항생제를 안 쓰는 것도 아니니, 논란의 여지가 없다. 우리는 양수가 터질 경우 항생제를 쓰고 기다리는 것을 표준 요법으로 생각하고 있으며 많은 산모들은 이 내용에 동의한다.

또한 '아두골반(兒頭骨盤) 불균형'이라고 남발되는 진단명을 가능하면 안 쓰려는 노력이 필요하다. 아두골반 불균형(cephlopelvic disproportion, CPD)이란 태아의 머리와 산모의 골반 크기가 균형을 이루지 못하는 경우를 말한다. 특히 아기의 머리가 엄마의 골반에 비해 상대적으로 큰 경우를 말하는데, 보통의 경우 '진행이 느린 경우'를 통칭하는 의미로 쓰인다. 산과 교과서에도 '아두골반 불균형'을 줄이는 것이 제왕절개율 감소에 매우 중요하다고 나와 있다.

실제 우리 병원의 경우에도 제왕절개의 가장 많은 이유는 아두골반불균형이다. 그럼에도 불구하고 일반 병원 혹은 제왕절개율이 낮다는 병원의 제왕절개율이 25퍼센트인 것과 비교하면 우리를 비롯한 많은 자연주의 출산 병원의 제왕절개율은 이보다 훨씬 낮다.

다시 말해 쉽게 결정해서 제왕절개를 하지 않고, 어렵게 고심 끝에 제왕절개 결정을 내리는 것이 일반적인 자연주의 출산 병원에서의 의사 결정 과정이며, 그렇기에 대부분의 자연주의 출산 병원에서는 분만도 수술도 밤중에 이루어지는 경우가 많다.

기다리다 보면 밤에 아기가 태어나고 이상하게도 밤에 진통이 많이 생기는 것은 어쩌면 성장 호르몬을 비롯한 대부분의 호르몬과 옥시토신 분비가 크게 다르지 않다는 것을 보여 주는 것일지도 모른다. 혹은 낮에 남들이 많이 일하고 있을 때는 진통하는 산모들을 봐 줄 인원이 부족하여 밤에 아기를 낳게 되었다는 어떤 책의 말처럼 인간이라는 동물은 밤에 아기를 낳도록 진화되었는지도 모른다.

왜 일반 병원에서는 낮에 태어나는 아기들이 더 많은데 자연주의 출산을 하는 병원에서는 70퍼센트 넘는 아기들이 한밤중에 태어나는가?

그러니 이런 질문은 질문거리가 되지 않는다. 그냥 기다렸더니 아기들은 밤에 많이 태어난다. 이것은 그냥 그런 현상일 뿐이지 과학적으로 설명하고 대답할 것이 아니다.

바뀌는 교과서

산과 교과서는 매번 바뀌고 발전하고 있다. 2014년 11월경에 받은 윌리엄스 산과학에는 경계성 양수과소증의 경우에서도 유도 분만을 하는 것이 반드시 예후를 좋게 하는 것 같지는 않다는 기술을 할 만큼, 불필요한 유도 분만에 대한 경각심을 일깨워 주고 있다.

이는 갑자기 윌리엄스 산과학이 자연주의 출산을 지지하는 쪽으로 바뀌어서 그런 것이 아니고, 현재 나와 있는 여러 경험상 산과학 교과서가 예전의 적극적인 분만 개입에서 보다 관조적인 방향으로 흘러가고 있음을 나타내는 예이다.

산과 교과서 어디에도 아기를 정해진 시간 안에 낳으라는 말은 나와 있지 않다. 새벽 6시부터 촉진제를 쓰기 시작하여 오후 6시 이전에 아기를 낳도록 해야 한다는 강박은 의사들이 이 시스템에 익숙해지면서 만들어 낸 것이다. 그리고 이 강박 증상이 시간에 대한 조급증으로 이어지고 퍼져서 산모들조차 아무런 의심 없이 이러한 접근 방식을 정상으로 여기고 있는 것이다.

돈 내고 아기를 낳는 동물은 인간밖에 없다. 거기에 경제 논리 따져 가며 더 저렴한 비용으로 아기를 낳고자 하는 욕심은 자본주의 사회가 낳은 당연한 결과이다. 아무리 경제 논리가 우리 사회를 지배하는 최우선의 논리라고 하더라도 인간성을 무시하는 출산이 지속되어서는 안 된다.

비싸도 된다는 의미가 아니다. 돈이 많이 드는 출산임에도 불구하고 찾아 주는 산모와 가족들이 있다는 것은 기존의 출산 방식이 아무리 경제적이라고 하더라도 그것만이 정답은 아니었음을 보여 주는 것이다.

산과학을 공부한 평범한 산과 의사로서, 여전히 척박한 우리나라 의료계에서 산부인과 현장을 지키고 있는 여러 선후배들을 진심으로 존경하고 지지한다. 경제 논리에 밀려 직업 윤리마저 내팽개쳐지길 강요당하며 출산 현장을 지키는 의사 선생님들이 많다는 것은 굳이 재론할 필요가 없는 것이기도 하다.

그러기에 어떤 방법이 더 비싸고 덜 비싼지, 혹은 더 안전하고, 덜 안전한지의 문제가 아니라 '어떤 병원에서 어떻게 출산할 것인가'에 대해 산모와 가족이 자연스럽게 선택할 수 있는 분위기가 조성되었으면 좋겠다는 생각이다.

뱃속 작은 생명이 가장 힘들다

엄마가 도망가서야 되겠는가

"선생님, 어떻게 하면 아기를 뱃속에서 덜 키울까요?"

"선생님, 몸이 너무 힘든데 어떻게 하면 빨리 나오게 할까요?"

"이 날은 절대 나오면 안 되는데 어떻게 해야 할까요?"

아주 가끔이지만 이런 걸 묻는 산모도 있다. 하지만 이런 거 바라면 안 된다. 아기는 잘 커서, 충분히 커서, 세상에 적응을 잘할 수 있을 만큼 커서 나오는 것이 좋다. 아기는 잘 성숙해서 주 수를 잘 채워 나와야 신생아 중환자실 갈 확률도 낮아진다. 아기는 그냥 때가 되면 나오는 것이지, 엄마 아빠 사정 봐 주지 않는다. 그저 건강하기만을 바라야 한다.

'아름다운 출산'은 없다

잡지나 텔레비전 프로그램에 비친 자연주의 출산의 한 단면만 보고 '아름다운 출산'에 대한 환상을 가지게 된 산모들을 가끔 본다. 아니, 사실은 적지 않은 사람들이 그런 환상을 가지고 있는 것 같다. 출산은 매우 현실적인 과정이며, 그간 우리가 경험해 보지 못해서 상상조차 불가능한 엄청난 사건이라는 것을 잘 알지 못하고 그저 아름다운 풍경만 상상하고 오는 산모들이 있다는 뜻이다.

하지만 분만 과정, 그것은 어마어마한 체력과 인내가 필요한, 끔찍하다고까지 할 수 있는 육체적 사건이다. 엄마는 산소 농도가 낮은 고산 지대에서 온전히 엄마라는 산소통에 의지한 채 100미터 달리기를 하는 아기를 배에 담고 있는 것이다. 엄마도 아가도, 체력적으로 심리적으로 준비가 되어 있지 못하면 절대로 마지막까지 올라갈 수 없다. 산소가 부족해 숨이 턱턱 막히고, 에너지는 고갈되어 체력이 바닥나더라도 엄마가 아니면 누구도 아기를 제대로 도울 수 없고 엄마이기에 포기할 수 없는 것이다.

나보다 더 낮은 산소 농도를 견디고, 자궁의 압박과 탯줄로 들어오는 혈액이 줄어드는 것을 온몸으로 이겨 내는 소중한 아기에게 맑은 공기를 주고 엄마, 아빠가 온 마음으로 준비한 이 새로운 세상을 선물하기 위해 아무리 힘들더라도 엄마는 포기할 수 없다.

가다가 쉬어 가고, 가다가 쉬어 가고, 아기가 힘들면 더 오래 쉬었다가, 엄마가 힘들면 좀 더 에너지를 모았다가 그렇게 느리더라도 함께 올라가야 하는 높은 산이다. 그리고 그 옆에서, 끊임없이 잘할 수 있다며 온몸과 마음으로 엄마를 북돋워 주고, 사랑으로 지켜보며 그 길을 함께

하는 아빠는 든든한 동반자로서 이 등반에서 없어서는 안 될 또 다른 주인공이다.

출산은 결코 아기에게도 만만한 과정이 아니다. 뱃속에서의 산소 포화도는 80~90퍼센트밖에 되지 않는다. 조금이라도 산소가 부족해지면 아기는 뱃속에서부터 헐떡거리는 호흡을 할 것이고, 몸 밖으로 나오지도 않았는데 조금이라도 산소를 더 마시려는 노력에 호흡이 더 힘들어질 수도 있다.

에너지가 많고 건강한 아기들, 탯줄이 두껍고 큰 아기들은 그 과정에서 약간 탯줄이 눌리고 산소가 부족하더라도 잘 버티지만, 발육 지연이 있거나 탯줄이 너무 얇거나 한 아기들은 조금의 스트레스에도 쉽게 지치고 금세 태변을 보기도 하며, 심장 박동 수가 낮아지기도 한다. 그러기에 모두 다 같은 속도로 분만되는 것이 아니고, 비슷해 보이더라도 다른 출산이 될 수 있는 것이다. 자궁 밖 아득히, 그동안 들어 오던 아빠의 목소리와 낯설지 않은 조산사와 의사 선생님의 목소리가 들리지만, 여전히 아기는 엄마와 온전히 하나이며 엄마에게 전적으로 의지하고 있을 수밖에 없다.

단언컨대 출산은, 여자 몸이 겪을 수 있는 최대의 고통이지만 최고의 행복이기도 한, 매우 강렬한 사건임에 틀림없다. 그런 출산을 지나치게 의료적으로만 해석해서 주인공인 아기, 산모, 남편은 온데간데없어지고 온갖 주변인들이 나서서 산모에게 다시는 겪고 싶지 않은 일생일대의 최대 굴욕 사건을 만들어서는 안 된다. 온전히 아기 중심으로, 엄마 아빠가 한마음으로 아기를 도와가며 조용조용 아름답게, 온전히 가족들의 이벤트로 두고두고 기억에 남을 행복한 추억이 될 수 있도록 해 주어야 한다.

엄마의 준비

엄마는 오래전부터 준비했다. 사랑으로 결혼식을 준비했던 것처럼, 사랑으로 이 아기를 기다렸던 것처럼, 이 아기를 만나는 순간을 사랑으로 기쁨으로 맞이할 수 있도록, 열 달 동안 혹은 그 훨씬 이전부터 그 순간을 준비해 왔다. 엄마의 몸은 오래전부터 씨앗 같은 아기를 품을 건강한 텃밭이 되고자 노력했다. 먹는 것, 듣는 것, 입는 것, 모두 "내가 건강해야 아기도 건강할 수 있다"는 사실을 잘 알고 오랜 기간 정성을 다했다.

손쉽게 사서 공급할 수 있는 알아듣지 못할 첨가물투성이의 인스턴트 음식을 먹지 않았고, 손쉽게 몸에 뿌릴 수 있는 화학 비료 같은 비타민 제제 사용을 줄였고, 신선한 물을 마시며 건강한 생각을 했고, 체력을 키우기 위한 운동도 게을리하지 않았다.

아기가 뿌리를 잘 내리기 위해서는 텃밭이 좋아야 한다. 아무리 남편이 훌륭해도, 내 몸을 만드는 것은 나만이 할 수 있는 일이기 때문이다.

엄마는 이렇게 출산이라는 산을 넘기 위해 오랜 기간 차근차근 준비했다.

그리고 이제 정말 얼마 남지 않음을 알리는 신호가 온다. 건강하게 먹고, 적당히 휴식하며, 좋은 컨디션을 유지하기 위한 적당한 활동을 했다. 이제 아기도 나도 서로 행복한 만남을 가질 만반의 준비가 되면 본격적인 진통이 시작될 것이다. 지금까지 그날을 꿈꿔 왔다.

생각보다 길고, 생각보다 버겁고, 생각보다 아픈 그 순간! 엄마를 버티게 해 주는 것은 지쳐 가는 엄마의 뱃속에서 씩씩하게 심박 수를 유지하며 발 차기를 하던 아기의 그 느낌이다. 또한 변함없는 사랑과 정성으로 끊임없이 사랑받고 있음을 되새겨 주며 안도하게 해 주었던 남편의 전폭적인 지지다. 그리고 그 순간 나만이 할 수 있고, 나만이 아기를 살릴 수 있다는, 우리 몸에 태곳적부터 흐르던 모성이다.

엄마만 할 수 있다

결코 그냥 되는 일이 아니다. 아름답고 황홀하기만 한 출산은 없다.

하지만 내가 꿈꾸고 바라던 출산은 가능하다. 그런 출산을 하고 싶다면 보다 현실적인 노력을 해야 한다. 출산과 관련한 책들을 보라. 어떤 책에서도 고통이 전혀 없다고 말하지 않는다. 다만 효과적으로 고통을 줄여 줄 수 있는 방법에 대해 논의하며, 아기와 함께한다고 생각하면 그리 끔찍한 고통만은 아니라고 말한다. 히프노버딩 책에서도 고통이 없다고 말하는 것이 아니다. 그 고통을 고통으로 인지하지 않고, 다른 신호로 인지하게 하는 고도의 집중된 훈련을 하라고 가르치고 있다. 그 순간 누구보다 뱃속의 가장 작은 생명이 제일 힘들 것임을 잊지 말아야 한다.

아무도 대신해 줄 수 없다. 백 명의 훌륭한 조산사도, 천 명의 훌륭한 둘라도, 아무리 비싼 병원도 그 출산을 대신해 줄 수 없다. 그것은 온전히 엄마 몸이 스스로 해야 하는 일이며, 엄마만이 아기에게 모든 것을 다 줄 수 있는 것이다. 이미 씨앗을 몸에 품는 순간부터 우리는 엄마가 되었다. 누구도 대신해 줄 수 없다. 엄마는 아플까 봐 무서워서 도망가고, 아빠는 지루하다고 도망가 버리면 아기 혼자 어떻게 그 과정을 끝낼 수 있겠는가? 엄마만이 그 일을 해낼 수 있다.

우리, 잘 낳을 수 있어요

자연주의 출산,
어디서 해야 할까요?

원하는 곳이 정답입니다

"경쟁 병원에 비해 장점이 무엇이라고 생각하시나요?"

"비용은 왜 이리 비쌉니까? 납득이 안 가는데요?"

"자연주의 출산이 뭐라고, 꼭 거기서 해야 하나요?"

출산 상담이나 초진을 오는 산모들이 많이 하는 질문들이다.

"어른들이 걱정하세요, 만에 하나가 걱정이에요, 꼭 수중 출산을 하고 싶어요, 분만대는 싫어요, 그래도 무서운데 무통주사는 정말 안 해 주는 건가요?"

사실 정말 결정하기 어려운 문제이긴 하다. 결혼식장 고르는 것도 어려운데, 내 몸 아파 내 아기 낳을 장소를 결정하는 것이 어찌 쉬운 일이겠는가?

가장 중요한 건 우리의 상황

그러나 쉽게 생각하면 된다. 두 분, 즉 출산을 할 당사자들인 남편과 아내가 원하는 출산이 본인들에 맞는 자연스런 출산이고, 이것을 할 수 있는 곳이라면 어디든지 본인의 출산 장소로 적합한 곳이다. 거기에 부수적인 것들, 비용이나, 시설, 거리 등의 득실을 따져 보면 대략 어디서 출산할지 결정될 것 같다.

사실 위와 같은 질문들은 자연주의 출산의 '외형'에만 치우쳐 생각하다 보면 나올 수 있는 질문이다. 자연주의 출산의 의미를 자연스러운 출산으로 넓혀 보고 먼 옛날 프랑스 르봐이예 박사가 주장했던 '폭력 없는 출산'으로까지 의미를 확장해 보면 외형적으로 모든 것을 갖춘 곳만이 중요한 것은 아닐 것이다. 그곳이 조산원일 수도 있고, 일반 병원일 수도 있다.

거리가 멀고, 경제적인 사정이 허락하지 않아 모든 것이 다 갖춰진 것처럼 보이는 전문적인 자연주의 출산 병원에서 출산할 엄두를 못 내는 산모들도 분명 있다. 그러면 그럴수록 어떠한 환경에서도 더 잘할 수 있다는 맹목적인 자기 확신이 필요하다. 아무리 둘러봐도 둘의 출산을 도와줄 사람이 둘밖에 없다면 둘이서 더 잘하기 위한 계획을 잘 세우는 것이 중요하다. 그럴수록 주변 환경을 어떻게든 이용해서 본인들이 원하는 방향으로 이끌어 갈 지혜가 필요한 것이다. 물론 이렇게 하기 위해서는 상당히 많은 노력과 뚜렷한 자기 견해가 있어야 한다.

그렇기에 중요한 것은 외형적인 시설보다는 그 시설을 쓰고 있는 의료진과 스텝들의 마음가짐일 것이다. 아무리 시설이 잘 갖춰져 있더라도 자연주의 출산이라는 말만 들으면 경기를 하는 의료진들만 있는 병원에서는 외형에 속아 자연주의 출산을 못 하게 되는 경우도 생길 것이다.

반대로 시설은 만족스럽지 않지만 의사도 간호사도 기다리는 출산과 아기를 배려하는 출산을 당연하게 생각하고 도울 마음의 준비가 되어 있다면 엄마 아빠가 원하는 소란스럽지 않은 자연주의 출산을 할 수 있을 것이다.

그러니 그 의료 기관을 방문하지 않고, 의사를 만나 보지 않고, 출산을 어디서 할지를 결정해서는 안 된다. 인터넷에서 난무하는 소문과 블로그 마케팅과 남의 경험에 비추어 자신의 출산 장소를 결정하는 것은 결코 바람직하지 않다. 수중 출산을 위한 욕조를 갖추고 있고 트레이닝이 잘된 조산사들이 있는 곳이어도 본인의 출산과는 취지가 안 맞을 수 있다. 100퍼센트 입맛에 맞는 출산 시설이 아니더라도 본인을 정말 따뜻하게 맞이할 수 있는 의료진이 본인이 원하는 출산을 지지해 준다면 그걸로 족한 것 아닐까? 무엇보다 중요한 것은 그 시설을 구성하고 있는 구성원이라는 뜻이다.

경쟁 병원?

자연주의 출산을 하는 기관들이 여러 곳 생기면서 종종 '경쟁 병원'이라는 말을 듣는다. 자본주의사회에서 필수적인 경쟁이 서비스의 질적인 측면을 좋게 해 준다는 장점이 있다는 것을 인정한다면 사실 그 '경쟁'이라는 말을 그리 신경 쓰지 않아도 될 것 같다.

나만 자연주의 출산을 고집하면 뭐 하겠는가? 아무도 이 취지를 이해하지 못하고 어떠한 동료로부터도 지지받지 못한다면 그것 또한 문제가 아닐까? 그러기에 적어도 자연주의 출산 모임을 하고 있는 교수님들과 의사 선생님들은 서로를 경쟁 관계에 있다고 생각하기보다는 상호 보완 관계로 생각하고 있다. 저쪽 병원 때문에 내 병원의 산모 수가 줄어들었으니 화가 나고, 그러니까 저쪽 병원 문을 닫게 해야 내가 잘 먹고 잘 사는 것은 아니지 않은가?

어찌 됐건 의료 소비자인 산모 입장에서는 선택의 폭이 넓어지는 것이 좋은 것이고 의료 공급자인 의사 입장에서도 비슷한 병원이 또 생기고 있다는 것은 지금 본인이 하고 있는 일이 의료적으로 크게 문제되는 일이 아니라는 반증이기도 하니 양쪽 모두에게 좋은 일이다. 그런 차원에서 나는 경쟁 병원이라는 말보다는 협력 병원이라는 용어를 더 좋아한다. 각 병원마다의 특징이 있고 그 특징들이 다르다는 것은, 같지 않기 때문에 기준이 없다는 뜻도 아니며, 의료적인 원칙을 지키지 않고 있다는 것도 아니다. 그 서로 다름의 특징은 소비자들에게는 결정을 하는 단서가 되고, 그것으로 옳고 그름을 판단하기보다는 나에게 맞고 안 맞고를 판단할 수 있는 요인들이 되는 것이다.

비용의 문제

"비용이 왜 비쌉니까? 납득이 되지 않는데요?"

사실 이 질문을 듣고 있자면 미안하다. 자연 출산을 원하는 많은 어린 부부들이 적금하고, 아끼고 아껴서 우리 병원에 온다는 것을 잘 알면서도 내가 이 문제를 해결하기 힘들기 때문이다. 어쩌면 이 문제의 근본에는 모든 것을 표준화시켜서 비슷한 비용으로 가지 않으면 비양심적인 업체로 일반화시켜 버리는 오류가 존재하기 때문인지도 모른다.

각 병원마다 지리적 특성에 따른 임대료 차이 등의 문제도 있을 것이며 인력 구성에서의 차이도 있기 때문에 같은 비용을 강요할 수 없다는 보편타당한 논리가 있긴 하지만 사실 미안하고 안타까운 마음이 크다. 모든 커피 가게와 햄버거 가게를 스타벅스 커피나 맥도널드 햄버거로 비교할 수 없는 것과 마찬가지라고 하기에도 참 안타깝다.

확실한 것은 의료 서비스는 공산품을 생산하고 파는 곳과는 달리 '인력'이라는 상품을 파는 곳이라는 것이다. 다량 생산할 수도 없을 뿐만 아니라, 그 인력이 어느 만큼의 실력을 갖추고 있느냐에 따라서도 상당히 많은 부분 달라질 수 있고, 그 인력을 쓰는 곳이 어디에 있느냐에 따라서도 달라질 것이다. 즉 우리 병원과 같은 시스템으로 운영하는 병원은 일반 분만실과는 달리 한 사람의 조산사가 출산할 때까지 봐 주고, 출산 전부터 전문 간호사가 관리를 해 준다고 하면 이해할 수 있을까?

또한 인력의 문제만으로 치부할 수는 없는 의료계의 문제도 분명 있다. 자연 출산 병원은 기존 병원에서 저비용(낮은 비용)의 분만 손실을 감수하며 유지할 수 없었기에 파생시킬 수밖에 없었던 다른 서비스들, 예를 들어 피부 미용이나 조리원 등의 부가적인 부분들을 제공하지 않기 때문이기도 하다.

만약 비용의 압박이 심해지고 더 이상 이 출산을 함께할 수 있는 의료진과 조산사들이 없다면, 우리는 또 인력을 나눠 갖는 시스템으로 돌아가야 할지도 모른다. 3교대의 간호사들이 분만을 돕고 한 사람의 간호사가 여러 명의 산모를 나눠 봐야 하기에 분만실이라는 공간이 필요한, 그런 일반적인 분만으로 돌아가야 한다는 것이다.

아마도 그렇게 된다면 인력을 묶어 둘 수 없으므로 지금처럼 아기 머리가 보이고도 한참을 기다리지는 못할 것이다. 한 간호사가 출산이 임박한 산모의 옆을 계속 지키고 있다면 분명 그 간호사가 보고 있던 다른 산모는 방치될 가능성이 높고, 기다리지 못하고 결국 회음 절개를 하거나, 혹은 무리하게 밀어내기를 해서 출산을 서둘러야 할지도 모른다.

전문가 교육

굳이 한 가지를 더 설명하자면, 우리 병원의 경우 한 사람의 숙련된 자연 출산 전문가를 만들기 위해 정말 많은 교육을 시행했다. 직원들을 교육하는 데는 직원들의 경력과 무관하게 오랜 시간 교육이 필요하고 이는 고비용의 교육이기도 하다. 실제 지금껏 우리 병원에서 직원 교육과 자연 출산을 널리 알리기 위해 시행했던 '히프노버딩 교육'이나 '스피닝 베이비 교육'은 우리 병원의 출산만큼이나 소수 정예로 이루어졌다.

강사 비용도 충당되지 않아 병원 입장에서는 경영적인 측면에서 전혀 도움이 되지 않았지만 적어도 그 교육 전과 후를 비교한다면, 교육 이후의 출산이 훨씬 아름답고 훌륭했다고 자부할 수 있으니, 이는 비용으로 따질 문제가 아니다.

사실 이렇게 잘 훈련시킨 의료 인력은 한곳에 머물러 있지도 않는다. 좀 더 나은 조건을 제시해 주는 곳으로 근로자들이 옮겨 가는 것은 어찌 보면 당연한 이치이고, 그러기에 조산사를 리더로 한 자연 출산팀을 유지하는 것이 매우 힘든 과제로 당면해 있기는 하다. 그렇지만 좀처럼 뭔가에 대한 전문가라는 '인지도'를 얻기 어려운 병원이라는 업태에서 그나마 '자연주의 출산 전문가'라는 타이틀 하나라도 얻어 갈 수 있게 만들어 주는 직장으로 우리 병원이 자리 매김할 수 있다면 그리 나쁜 일은 아니라고 생각한다.

"꼭 거기서 해야 하나요?"

여기에 대한 대답은 정말 할 수가 없다. "두 분이 생각하시기에 합당한 곳을 찾으세요"라는 답을 드릴 수 있을 뿐. "결혼식을 꼭 거기서 해야 하나요? 생일 파티를 꼭 거기서 해야 하나요?"라는 질문과 비슷한 것이다. 원하는 것을 비슷하게 실현해 줄 수 있는 장소로 적합한 곳이면 된다. 출산 장소도 마찬가지다. 원하는 출산을 이뤄 줄 수 있는 곳이 있고, 그것을 찾으면 그만이다.

자연주의 출산의 모습을 수중 출산과 회음부 절개 없는 출산, 어두운 출산으로 한정 짓다 보면 그런 것들이 전제되지 않으면 자연주의 출산이 아닌 것처럼 생각할 수도 있지만, 앞서 말했듯이 자연주의 출산을 두려움 없고 평화로운, 폭력 없는 출산으로 넓게 생각해 보면 굳이 외형은 중요하지 않다는 것을 자연스레 터득할 수 있다.

자연스럽게 생각해 보자. 외형에 끼워 맞추려 하다 보면 안 맞는 것들이 한두 가지가 아니다. 그러나 나에게 맞춰 주변 상황을 이용할 수 있다면 안 맞을 것도 없는 것이 바로 출산이고, 살아가는 '적응'일 수 있다. 자연스럽게 본인이 맞는 곳에서 아기를 낳는 것이 자연주의 출산이다.

자연주의 출산인데
뭘 이렇게 많이 하나요?

적절한 산전 관리는 매우 중요해요

"자연주의 출산인데 OOO를 꼭 해야 하나요?"

"자연주의 출산인데 꼭 와야 하나요?"

'자연주의 출산인데…'라는 말이 가지고 있는 함축적인 의미는 사람마다 다르겠지만, 적어도 일부에게는 "자연주의 출산인데 도대체 무슨 의학적인 검사가 이렇게 많이 필요하고, 권고 사항이 필요합니까?"라는 내용과 일맥상통하는 물음인 것 같다.

반면 어떤 사람에게는 자연주의 출산이 '뭔가 필요한 것을 너무 안 하는 것 아닌가' 하는 걱정을 갖게 하는 것도 사실이니 자연주의 출산에 대해 가지고 있는 견해나 관점은 정말 사람마다 천차만별인 것 같다.

산전 관리는 교과서에서도 권하는 것

나는 대부분의 의사들처럼 의학 교과서를 매우 신뢰한다. 모든 의사들은 적절히 공부하고 근거를 가지고 진료에 임한다. 물론 진료 내용 중에 의사의 성격이 묻어 나오고, 얼마나 방어적인 진료를 하느냐에 따라 진료 횟수 및 시술 여부, 의료적인 중재 여부가 달라질 수도 있고, 일부 병원들이 환자의 불안감을 이용해 불필요한 검사나 시술을 종용하기도 한다는 것도 알고 있다.

여하간 일부 의사들의 비양심적인 진료, 혹은 일부 환자나 산모들의 의료진에 대한 불신으로 인해 반드시 권장해야 될 것들을 권하지 못하거나, 권해 놓고 나서도 의심을 받는 것, 혹은 뭔가 빼먹은 것 같아 불안한 느낌을 가지는 것은 정말 불편하고 걱정되는 일이다.

산과 교과서에 따르면 '28주까지는 적어도 4주에 한 번씩, 그 이후에는 2주에 한 번씩 병원을 방문할 것'을 권장하고 있다. 고위험군 산모의 경우 훨씬 더 자주 병원을 방문하도록 한다. 문헌에 따르면 영양 및 산전 교실을 적절히 제공받고 매 2주마다 산전 진찰을 받은 쌍둥이들의 경우는 예후가 훨씬 좋았다고도 한다.

주기적인 병원 방문은 꼭 초음파를 보기 위한 것이 아니고 체중 관리, 영양 상담, 전체적인 신체 검사 — 특히 혈압 및 소변 내 단백 검사 — 등의 기본적인 관리와 임신 주기마다 필요한 당뇨, 빈혈 등의 적절한 확인 등이 필요하기 때문이다. 또한 34주가 되도록 4번 미만 병원을 방문한 경우를 부적절한 산전 관리를 받은 그룹으로 분류하는데, 이러한 그룹에서 임신에 따른 위험이 증가한다고도 한다.

게다가 산과 교과서에는 지금 우리나라에서는 흔히 시행되지 않는 — 혹은 전혀 하지 않고 있는 — 임신 초반의 검사 중 소변 배양 검사, 성병 검사 등을 시행하라고 되어 있다. 적절히 산전에 관리를 받아서 건강상의 이상이 없다는 것이 확인된 산모가 아니라면 임신을 확인하고 나서야 건강 검진을 시행하게 되므로, 이러한 검사들도 임신을 하면서 확인하게 권하는 것이다.

백신도 마찬가지다. 현재 모든 임산부들은 독감 유행철이 시작되기 전에 독감 백신을 접종할 것을 권장하고 있다. 백신을 접종한 군의 아기들이 생후 6개월간 열이 동반된 호흡기 질환을 앓을 가능성이 63퍼센트가량 줄었다는 근거도 백신을 권장하는 이유 중 하나이다. 백일해 백신 등 많은 백신들이 이러한 근거를 이유로 권장되고 접종되고 있다.

그러나 선택은 환자의 권리

적절한 산전 관리를 받는 것은 매우 중요하다. 꼭 초음파를 보기 위해서만 병원을 내원하는 것이 아니다. 인터넷에 난무하는 근거 없는 지식에 의존해서 그 병원과 그 의사를 판단하고, 그 검사의 적절성을 가늠해 보는 것보다는 그 시간에 병원에 방문해 제대로 된 지식을 얻는 것이 훨씬 더 유용할 것이다. 권고 사항을 따를지, 본인의 기준대로 갈지는 본인이 선택할 몫이다. 중요한 것은 대부분의 권고 사항은 그래서 좋았기 때문에, 혹은 그렇게 해서 안전하다고 신뢰받았기 때문에 나오는 기준들이라는 것이다.

이것저것 알려 주는 의료진을 보고 '저 병원은 뭔가 너무 많은 걸 권하는 것 같아'라고 덮어놓고 의심부터 하지 말고, 당장 판단이 서지 않을 때는 권고 사항에 대해 잘 듣고 그것에 대해 잘 알아본 다음, 주변의 의견도 물어보고 근거도 쌓은 뒤에 '이걸 내가 할지 말지'를 결정하면 된다. 적어도 병원에서 뭔가 하라는 것들을 '병원이 돈 벌기 위해 하라는

것 같아 싫다'며 괜한 거부를 하는 것은 옳지 않다.

병원에서 충분한 정보를 얻고, 그에 대한 판단은 소비자가 하고, 최종 선택도 소비자가 하면 될 일이다. 환자, 산모는 그러한 결정이 자유로워야 하기 때문에 눈치 보지 않고 물어볼 수 있어야 한다. 의사들도 본인의 권고 사항이 법도 아닌 것을, 그것을 따르지 않았다고 꼭 그 산모나 가족을 말 안 듣는 나쁜 가족으로 생각할 필요가 없다. 다만 의료진 입장에서 조금 걱정은 되겠지만 말이다.

"꼭 해야 하나요?"

본인들이 원할 경우에는 하면 되고, 원하지 않는다면 누가 강제할 수 없는 것이다. 의료 서비스를 받는 것도 소비자의 권리이고 선택이다. 현명하게 잘 판단하면 된다.

자연주의라는 말도
버릴 수 있기를

'자연주의'를 위해 부자연스러워지지 마세요

우리는 단지 조금 더 나은 분만, 출산, 해산을 원할 뿐이다.

원칙에 충실하되 조금 다른 분만 환경을 조성해서 산모와 남편을 분만실로 이동시키는 시스템에서 벗어나 분만과 관련된 모든 시스템을 산모와 남편이 있는 방으로 이동시키는 시스템을 선택했다.

최대한 교과서적으로 진료하고 설명하되 확실하지 않을 때는 의료진으로서 방어적인 태도를 조금 버리고 조금 더 열린 자세로 기다리는 시스템을 선택했다.

출산이라는 것은 건강한 여성이 건강한 아이를 정상적으로 낳는 과정임을 잘 알고 있다. 분명 대부분의 산모들이 별다른 합병증 없이 끝낼 수 있는 과정이라고 교과서에 명시되어 있는 만큼 우리는 여유롭게 기다릴 수 있다.

하지만 정말 의사가 필요한 8퍼센트의 산모들을 위해서라면 얼마든지 의료 시스템을 가동시킬 수 있는 치밀함도 갖추어야 하며 이러한 내용에 이견이 없다.

자연스럽지 않아 보일까 봐 결정을 못 내리거나, 괜히 싫어서 결정을 못 내리는 것은 오히려 자연스럽지 못한 것보다 더 못할 수 있다. 그러기에 우리 병원은 조산원이 아닌 병원으로서 이러한 두 가지 시스템이 유기적으로 공조하여 돌아가고, 구성원들과 철학을 공유하고 있는 곳이다.

'자연주의'라는 말에 갇힐까 봐

자연주의 출산을 표방하는 우리 의료진이지만 나와 우리 의료진은 '자연주의 출산'에 갇히지 않기 위해 무척 노력하고 있다. 또한 산모들에게도 누누이 그 부분을 강조한다. 왜냐하면 우리는 자연주의 출산이라는 이름이 주는 중압감과 폐쇄적인 느낌 때문에 상당히 많은 가족들이 의료진의 눈치를 본다는 것을 알게 되었기 때문이다. 의료진에게 당연히 요구해야 하는 의료적 처치나 의료적인 설명도 고심 끝에 겨우 한다는 것을 알게 된 것이다.

이해할 수 없는 일이고 안타까운 현실이다. 왜 그렇게 되었을까?

아마도 '자연주의'라 무통주사를 맞으면 안 되고, '자연주의'니까 조금 아픈 것을 못 참는 것은 안 되고, '자연주의'라 진통이 늦어지더라도 무조건 기다려야 하고, '자연주의'라 양막이 파수된 지 오래 됐는데도 약물

쓰는 것을 절대 허용할 수 없고, '자연주의'라 아기 심장 박동 수가 떨어져도 절대 회음 절개는 안 된다는 등의 '절대'라는 기준에 스스로 매이기 때문 아닐까 싶다. 그래서 우리는 그런 '절대'라는 것은 '절대로 있을 수 없음'을 강조한다.

애당초 우리는 권위적인 진료 행태가 싫어 이러한 분만 방식, 혹은 출산 방식을 선택했던 사람들이다. 애당초 우리는 천편일률적이고 산모를 이동시켜 분만시키는 방식이 싫어 '자연주의'를 선택했고, 그 안에서 산모와 가족들이 자신들의 방식과 의사대로 결정하는 것이 가장 중요하다고 생각한다.

그런데 이상하게 '자연주의 출산'이라는 것을 공부하고 오는 많은 산모들은 자꾸만 '왜' 그런지도 모르면서 '꼭' 그래야만 하는지만 묻는다. 어떤 사람은 이상하리만큼 의료 행위에 대한 거부감을 갖고 있기도 하고, 또 어떤 사람은 이상하리만치 의료진의 눈치를 살피며 '자연'으로 가기 위해 본인들의 결정을 내리지 못하는 경우도 있다.

열린 마음으로 열린 선택을

반면에 나 역시 '자연주의 출산'이라는 고정관념을 갖지 않았나 생각해 보게 한 산모도 있다. 그녀는 내게 말했다. "꼭 아빠가 참여해야만 하나요? 그러지 않아도 되잖아요. 아빠가 겁이 좀 많거든요. 그냥 저희가 하고 싶은 대로 하면 되는 것 아니에요?"

생각해 보니 그럴 수도 있겠다. 자연주의 출산은, 아이는 산모 혼자 만들어 뱃속에서 혼자 키우고 혼자 낳는 것이 아니라 부부 둘이 함께해야 하는 임신과 출산임을 강조한다. 하지만 생각하기에 따라서 부부 둘의 충분한 상의와 동의가 있었다면 출산의 현장을 남편이 지키지 못했다고 자연주의 출산이 아니라고 할 이유는 또 무엇인가?

남편으로서, 아빠로서 자신이 할 수 있는 최선을 다했다면 그것 역시 자연스러운 출산인 것이다.

자연주의 출산, 이 용어의 폐쇄성에서 이제 벗어나야 한다. 기존의 분만이 매뉴얼화되어 그 반성으로 나온 '자연주의 출산'이 일반 분만의 매뉴얼보다 더한 매뉴얼이 되어 가고 있는 것은 아닌지 고민해 봐야 한다. 무조건 기다려야 하고 참아야 한다는 강박 관념으로 인해 너무나 힘든 자연주의 출산을 경험한 산모들이 다음 임신을 꺼리는 경우도 있다는 사실을 잊어서는 안 된다.

개개인의 진행 상황을 읽을 수 있는 열린 마음과 열린 선택이 있어야만 진정한 자연주의, 자유로운 출산이 아닐지 생각해 본다.

해서는 안 되는 말,
"뭐 하러 미련하게⋯⋯"

누구를 위한 무통주사인가?

고생 고생하다가 겨우 자연 출산을 했거나, 혹은 결국에는 자연 출산에 실패하고 제왕절개로 아이를 낳은 산모들이 가장 많이 듣는 말은 이런 거다.

"뭐 하러 미련하게⋯⋯"

남들은 쉽게 무통주사 맞고, 촉진제 맞고 아기 낳는데, 무슨 대단한 일이라고 아무 의료적 도움도 받지 않고 이렇게 사서 고생을 했냐는 말이다. 눈물나게 공감되는 말이다.

더군다나 100퍼센트 무통주사를 서비스로 내세우고 있는 병원이 많아지고 열 시간 이상 진통을 하면 큰일 날 것처럼 생각하는 의사와 산모들이 많아지는 요즘 같은 때에 참고 출산하는 것, 게다가 며칠이 걸리더라도 결국 분만을 하고 마는 그런 고집은 우직함을 넘어 미련함으로까지 보일 수 있다.

무통주사가 정말 필요한 경우

그러나 우리는 분만이라는 과정의 두 주체를 잊어서는 안 된다. 엄마만 아픈 것이 아니라 오로지 엄마에만 의지해서 탄생 과정을 견뎌 내는 아가 또한 무척이나 힘들 것이라는 점을 말이다. 생각해 보자. 우리가 무통주사를 적극적으로 맞을 수 있게 된 것은 의학적으로 무통주사에 쓰인 여러 가지 성분들이 아기들에게 영향을 미칠 가능성이 극히 적거나 없다고 충분히 믿어도 될 만한 근거들이 있기 때문이다.

아기에게는 전혀 전달이 되지 않고 엄마의 통증만 마술처럼 없애 준다는 그 무통주사는 그야말로 천국의 약일 것이다. 그러나 그 말의 속뜻을 잘 생각해 보자. 그 말은 다시 말해, 아기는 그냥 계속 아프고 힘든 상태에서 진통을 견뎌야만 한다는 뜻과 다르지 않다.

누구를 위한 무통주사인가? 물론 고통에 신음하며 정신을 잃어버릴 만큼 힘들어해서 호흡이고 운동이고 아무것도 할 수 없어 제왕절개를 선택하기 일보직전의 엄마라면 무통주사라도 해서 산모 몸에 칼 대는 일이라도 피하게 해 주면 좋을지도 모른다. 그러나 그것이 모든 엄마들일 필요는 없다. 모든 엄마들에게 출산이라는 과정이 고통에 가득 찬 과정임을 강조하며 무통주사 없이는 아기를 못 낳을 것이라는 그릇된 인식을 심어 주는 것은 학원 없이는 교육이 안 되고, 분유 없이는 아기를 키울 수 없다는 논리만큼이나 억지스럽다.

이러한 무통주사에 대한 환상은 산모로 하여금 자연스럽게 통증으로부터 도망가고 싶어지게 한다. 엄마는 무통주사라도 해서 하나도 아프고 싶지 않으면서, 아기야 아프건 말건 상관없다는 식의 태도마저 묵시적으로 심어 준다. 아기에게 제왕절개는 나쁘다며 무조건 자연 분만을 해야 한다고 한다. 엄마는 무통주사를 맞아 하반신이 무감각해지길 바라면서 아기는 괜찮기를 바라고, 자연 분만하라고 한다.

얼마나 이기적이며, 엄마 편의적이고 의료진 편의적인 생각인가? 의료진의 입장에서도 아파서 힘들어하며 의료진을 놓아 주지 않는 산모를 보는 것보다 아프지 않아 사납지 않은 산모와 보호자를 보는 것이 훨씬 편하기 때문이다. 거기에 빨리 낳게 하기 위해 쉼 없이 촉진제를 쓰기까지 한다.

심지어는 그렇게 아프지 않고 출산하는 것이 우아하다고 하고, 그게 마치 엄마의 인권을 대단히 지켜 주는 행위인 것처럼, 그것이야말로 진정한 인권 분만인 것처럼 내세우는 병원도 있으니 이것이야말로 정상과 비정상 속에서 어느 것이 정상적인지 생리적인지조차 구별하기 어려울 지경이다.

홀로 고군분투하는 아기를 생각한다면

아기는 어떨까? 아기는 아무것도 느끼지 못하는 엄마와 뚝 떨어져 혼자서 이 진통을 견뎌야 하니 더 힘들 것이다. 어떻게 해서든지 좁은 골반을 통과하기 위해 온몸으로 진통을 견뎌 내는 아기를 뱃속에 두고, 엄마는 아프지 않아 잠만 자고 움직이지 않는 이 상황이 아기에게 과연 정상적으로 받아들여질 상황인가? 아기는 미련해서 혼자 머리 찌그러뜨려 가며 그렇게 나온단 말인가?

아기들이 태어나서도 마찬가지다. 엄마는 무조건 쉬어야 하고, 아기는 누군가 다른 사람이 봐 줘야 한다. 엄마는 마사지를 받고, 몸매 관리를 해야 하고, 아기는 전문가에게 24시간 맡겨져 24시간 환한 불빛의 신생아실에서 특별 관리를 받는다.

아기는 관찰이 필요해서 신생아실로 가고, 엄마는 쉬어야 하니 엄마 방으로 갔다가, 형식적인 모자동실 시간을 끝내고, 서로 따로 있는 것이 당연하다고 여긴다. 처음부터 아기가 엄마를 절실히 필요로 한다는 사실 자체를 완벽하게 부정하고 인정하지 않는 것이다.

이제 무통주사와 빠른 진통에 대해 우리는 좀 더 솔직해질 필요가 있다. 그러니 "뭐 하러 미련하게……" 이런 말은 해서는 안 된다. 태어날 아기들에게 "뭐 하러 미련하게 머리 찌그러뜨려 가며 나오니?"라고 묻지 않듯 말이다.

우리들은 표현 자체가 불가능한 아기의 고통에 대해서는 이상하리만치 무감하고, 아픈 것을 표현할 줄 아는 어른들의 고통만 생각한다. 뱃속에 담고 있을 때도 아기 때문에 힘든 것만 생각하고, 낳으면서도 아플까 봐 걱정, 낳고 나서는 힘들다고 투정, 학교 보내 놓고서는 어떻게 하면 경쟁에 이길까 머리 싸매고 있는 것을 보면, 아기를 만드는 순간부터 독립시킬 때까지, 온통 엄마 욕심만 채우려는 건 아닌가 싶은 생각이 들 때도 있다.

자연 분만이 좋다는 것은 알면서, 자연 분만을 위해 태아가 준비하는 모든 과정은 부정하고, 엄마들이 준비해야 하는 모든 과정은 생략하고 싶어 하는 이기적인 생각을 버려야 한다. 키우는 과정에서의 즐거움은 그 뒤의 보이지 않는 고통과 인내가 수반되지 않으면 절대로 맛볼 수 없는 열매인 것이다.

올바른 자연 분만이 바로 자연 출산이며, 그 길을 함께할 용기 있는 부모가 되려는 첫걸음이 바로 태어날 아기를 위한 첫 선물이다.

오늘도 나는 기다린다

머리가 나오면 이제 어깨가 나올 때까지 기다려요

'탄생의 집'을 열고 난 후 지금까지도 나는 기다리는 연습을 하는 중이다.

사실 내가 처음 자연 출산이라는 것을 접하고 탄생의 집을 열었을 때 나는 훌륭히 아기 머리가 나올 때까지는 여유를 잃지 않고 기다릴 수 있었다. 2014년 어느 때까지 나는 그렇게 머리 나오기까지는 충분히 기다렸다고 자부할 수 있었으나, 머리가 나오고 어깨가 만출(娩出)될 때까지 충분한 시간을 기다렸다고까지는 말할 수 없다.

그때는 아기 머리가 나오고 1분 이내에 어깨 만출이 안 될 것 같으면 어깨 만출을 도와줘야 한다고 생각했고, 그것이 내가 배운 출산의 방법이었다. 물론 회음 절개 안 하고 나올 때까지 기다렸지만 말이다. 어깨가 나오기까지 1분이 넘으면 불안해서 어쩔 줄 몰라, '살려 주기 위해' 어깨를 만출시키곤 했다.

분명 책에는 아기 머리가 나오고 잠시 시간이 지난 다음에 외회전

(external rotation)이 된 다음, 앞쪽 어깨(anterior shoulder)가 나온다고 했다. 즉 머리는 엄마 엉덩이 쪽을 보고 나오고, 조금 지나면 저절로 왼쪽으로 든 오른쪽으로든 돌게 되고, 이를 외회전이라고 하며 그 외회전이 되고 나서 어깨가 나온다고 했다.

지금까지 대부분의 병원들은 머리가 나오자마자, 아기를 오른쪽으로 든 왼쪽으로든 돌려서, 즉 외회전을 시켜서 어깨를 일부러 잡아 빼는 방식으로 출산을 했다. 그러다 보니 아주 드문 경우이긴 했지만 어깨를 잡아 빼다가 쇄골 골절이 되거나, 상완신경총 마비가 오는 등의 합병증이 생겼다. 물론 기다려서 나온 아기들에게서도 일부 그런 경우가 있지만 말이다.

아기는 스스로 돌 줄 안다

어찌 됐건 2014년 10월이 지나 우리 병원은 중대한 변화를 겪게 되는데 아기 머리가 나오고 어깨가 나올 때까지 그냥 기다리는 것이다. 우연한 기회에 미국의 게일 툴리(Gail Tully)라는 조산사 선생님을 초청하여 '스피닝 베이비스(Spinning babies)'라는 워크숍을 진행한 이후로 우리는 적극적으로 엎드려서 아기 낳기를 권장했고, 머리가 나오고 실제 교과서대로 시간이 지나면 외회전이 되는지를 좀 더 용기 있게 지켜봤다.

그랬더니 정말 1~2분 정도 지나고 나서 자궁 수축이 다시 시작될 때 아기의 머리가 스스로 돌고 저절로 어깨가 나왔다. 게다가 회음부 손상도 훨씬 적고, 아기는 스스로 숨 쉴 준비를 하여 머리가 나온 뒤에는 가만히 있다가 어깨 나오기 전 외회전을 할 때 얼굴을 찡그리고, 울음을 터뜨리고, 호흡을 시작하고, 어깨를 만출시킨다는 것을 알게 되었다.

이 단순한 '외회전'이라는 교과서의 언어를 이해하는 데 10년이 넘는 시간이 걸린 것이다. 요즘도 우리 병원 탄생의 집에서는 정상적인 출산 과정을 겪고 있는 신생아들의 어깨를 억지로 만출시키지 않는다.

기다림…… 근거가 없는 것이 아니다. 이미 예전부터 책에는 기다리라고 쓰여 있었는데, 우리는 그걸 빼먹고 읽었던 것 같다. 출산의 섭리는 매순간 감동을 안긴다.

아기 체중이 왜요?

좋은 자궁 환경, 오히려 감사해야죠

출산 상담을 하다 보면 아기가 너무 커서 고생할까 봐 걱정하는 사람들이 종종 있다. 나의 경험으로 보면 아기가 큰 경우, 다소 긴 진통으로 이어지더라도 오히려 아기가 잘 버텨 건강하게 나오는 경우가 많으므로 작은 아기 출산을 도울 때보다 걱정을 덜 한다. 하지만 산모 입장에서 큰 아기를 낳는 것은 무조건 힘들 것이라고 생각하는 것이다.

지금까지 우리 병원에서 태어난 가장 큰 아기는 4.92킬로그램이었고, 두 번째로 컸던 아기는 4.8킬로그램이었다. 두 엄마 모두 평균 키를 가진 아담한 사이즈의 대한민국 여성이었다. 반면 제왕절개를 했던 산모 중에는 2.65킬로그램 아기를 분만한 경우도 있었는데, 이 경우는 40주인데도 불구하고 2.65킬로그램의 발육 지연이 있었던 상태로 자기 진통이 걸려 왔지만, 결국 태아곤란증으로 수술했던 경우였다. 수술 후에 확인하니 진한 태변 착색이 되어 있었기에 더 늦기 전에 수술한 것을 정말 다행으로 생각했다.

특히나 아기가 크다고 하는 산모들 중에는 미리 유도 분만을 해서 더 크기 전에 아기를 낳고 싶어 하는 사람들도 있는데, 그럴 때마다 나는 그것을 말리느라 진땀을 빼곤 한다. 어차피 커서 못 낳아도 제왕절개를 할 것이고, 유도 분만에 실패하더라도 제왕절개를 할 것이 분명하기 때문이다.

산모들은 아기가 커서 못 낳을까 봐 더 크기 전에 유도 분만이라는 의료 개입을 선택하고, 유도 분만의 위험은 생각하지 않는 것이다. 게다가 유도 분만으로 진통이 유발되지 않으면 '그저 아기가 커서 진통도 안 걸리나 보다' 그렇게 생각하고 쉽게 수술까지 결정을 하니, 이건 잘 크고 있는 아기를 더 크기 전에 낳으려고 약을 쓰다가 우리 계획대로 안 되니까 수술로 빼 내는 어이없는 결과를 낳게 되는 것이다.

환경이 좋으니 아기가 잘 크는 것

대체로 덩치가 큰 엄마들은 아기도 크게 낳고, 덩치가 작은 엄마들은 아기를 작게 낳는다. 골반이 작은 엄마들은 그에 맞춰 아기가 나오는 경우가 더 많다. 또 발육이 잘 되고 양수가 많은 아기일수록 뱃속에서 오래오래 잘 크다가 41주까지 채워 나오는 경우가 더 많다. 결국 아기는 때가 되어 본인이 불편할 때쯤 나온다는 말이다. 신기하게도 발육 지연이 있는 아기들일수록 만삭을 다 채우지 못하고 나오는 경우가 많은 것을 보면, 확실히 자궁 내 환경과 분만일은 관련이 있는 것 같다.

다시 말해, 못 자라는 아기들은 일찍부터 나와 엄마 젖을 먹고 크는 것이고, 잘 자라는 아기들은 늦게 나온다는 뜻이다. 아기가 잘 크고 있는데 더 클까 봐 걱정이 되어 낳게 한다는 것은 정말이지 어디에서부터 시작된 잘못된 믿음인지 모르겠다.

어차피 제왕절개라는 것은 예측할 수 없고 아기가 진통을 어떻게 겪을지, 엄마 몸이 얼마나 유연하게 진통을 받아들일 수 있을지는 닥쳐 보

지 않고서는 알 수 없는 일이다. 눈앞의 작은 사실 하나 가지고 그것을 피하기 위해 더 큰 위험을 떠안는 행위, 아기가 클까 무서워 유도 분만이라는 위험을 떠안고, 더 나아가 제왕절개의 위험까지 떠안으려는 무지한 결정은 부디 하지 않았으면 좋겠다.

아기가 크다고 걱정하시는가? 그것은 다행이고 감사해야 할 일이다. 그만큼 산모의 자궁 내 환경이 좋다는 뜻이므로.

자연주의 출산
그 이상의 자연주의 출산

회음부 절개를 하고서도 제왕절개를 해야 했습니다

 이 이야기를 듣는 산부인과 의사들은 아마도 "어쩌다 거기까지 갔니?"라고 할 것이다. 그러나 한편으로는 그런 일이 있을 수 있다는 데도 동의할 것이다.

 진통이 개시되기 전에 양수가 먼저 나왔다. 여유를 가질 수 있다. 태동 검사가 괜찮다면 사실 급한 문제도 아니고. 그냥 기다려도 6~12시간 이내에 진통이 시작된다고 하니 산모가 입원하지 않았다고 하더라도 그렇게 조급하게 생각할 필요가 없다. 40주 1일이고 산모는 키도 크고 마음도 긍정적이고 예쁘다. 잘될 것이라고 믿자.

 산모들은 어떻게 생각하는지 모르겠지만, 산부인과 의사들끼리는 양수가 먼저 터지면 일단 "CPD(아두골반 불균형) 아니야?"라고 말한다. 하지만 내 경험상 대부분은 그렇지 않았다.

할 수 없어서 무통주사를

하루가 지났다. 그날 오전 조산사 선생님이 무통주사를 해야 할 것 같다고 했다. 진행 상황은 매우 초기이지만, 이대로 산모가 못 버틸 것 같다고 말이다. 그럼 무통주사를 해야 한다. 산모에게는 이와 같은 고문은 없을지도 모른다. 자기 의지에 반하는 것은 어떤 것도 우리가 강요할 수 없다.

내과에서 감기 치료를 하더라도 동의를 구하고 해야 한다. 진통은 전적으로 산모가 겪는 것이기에, 본인 의지로 안 될 것 같으면 남의 의지로 그걸 억지로 강요해선 안 된다. 아기 상태가 괜찮고 산모의 몸에 특별한 징후가 없으니 일단 무통주사를 하면 산모는 고통이 덜 하니 용기를 얻을 것이다. 물론 무통주사 덕에 촉진제를 써야 할 가능성은 좀 더 높아졌지만, 그래도 촉진제 쓸 가능성이 높아지니 무통주사를 하지 말라고 할 수는 없다.

촉진제를 시작했다. 역시 덜 아파하니 더 이완이 되었고, 진통이 규칙적으로 오니 자궁 입구가 열리기 시작했다. 드디어 4센티미터가 되고, 여섯 시간이 지나 자궁 입구는 완전히 열렸다. 아기도 내려오기 시작한다. 여기서 한 시간이면 아기를 볼 것 같다.

한 시간이 지났다. 아기가 내려오지 않는다. 무통주사를 더 하는 것은 이 상황에서는 좋지 않다. 진통을 약하게 할 것이고, 자기 힘이 없는 상태에서 아기를 밀어내기는 더 힘들다.

두 시간이 지났다. 산모에게 열이 나기 시작했다. 아기 머리가 아주 가까이 보인다. 뭔가 결정을 해야 한다. 아기 심박 수도 빨라지기 시작했다. 어느새 자주 160회를 넘어간다. 변동성은 좋지만 열이 나고 심박 수가 높아지는 것은 안심하기에는 부족한 소견이다. 빨리 낳는 방향으로 하자.

산모는 키가 크고 골반이 좋다. 아기가 크더라도 잘 낳을 가능성이 많다. 아기 머리가 1센티미터 상방에서 보인다. 힘을 조금 보태 주면 낳을 것 같다. 회음 절개를 하고 자궁저 압박을 하고 낳아야겠다.

아기 심박 수가 아직은 괜찮다. 시간의 여유가 아직은 있다. 시도를 해 본다. 한 차례의 자궁저 압박을 시도했다. 심박 수는 괜찮았고, 엄마의 체온도 그 이후로 더 높아지는 것 같지는 않았다. 자궁저 압박에도 아기가 그렇게 내려오는 것 같진 않았다. 손을 바꿔 다시 시도해야 한다.

손을 바꾸었다. 내진 후에 확실히 자궁저 압박을 하면 아기가 나올 것 같다고 하니 우리는 다시 시도하기로 했다. 여전히 아기는 씩씩했지만, 두 번의 자궁저 압박도 실패했고, 아기는 1센티미터를 남겨 두고 그 자리를 통과하지 못하고 있었다.

40여 분의 시간이 지났다. 더 이상은 어려울 것 같았다. 회음 절개를 하고도 전혀 내려오지 않았고, 아기의 심박 수와 엄마의 체온은 그렇게 나쁘지는 않았지만 안심할 수 없는 상태였다.

또 할 수 없어서 제왕절개를

"미안해요. 이렇게 더 하다가는 아기가 너무 위험할 것 같아요. 수술해야 해요. 아기야 어떻게든 태어나겠지만, 아기의 상태를 예측하기가 어려울 것 같아요. 정말 미안해요. 차라리 미리 수술할 것을 그랬나 봐요."

"전 괜찮아요, 다 해 봤으니까요. 전 괜찮아요, 정말."

제왕절개를 했다. 진한 태변 착색이 되어 있었다. 아주 진한 태변 착색에 아기 머리는 한참 아래로 내려가 있었고, 머리 모양의 변형도 심했다. 그럼에도 다행히 아기는 아주 건강하게 잘 울었다. 아기 엄마가 아기를 보았는지 어쨌는지는 잘 기억이 나지 않지만 아기는 아주 건강했다. 정말 다행이었다.

수술은 아무 문제 없이 끝났다. 대한민국에서 거의 40퍼센트에 육박하는 여성들이 받는 수술이 제왕절개다. 수술은 40분도 안 되어 끝났고 회음부 봉합을 했다. 정말 미안하다. 산모에게 이런 고생을 시켜 미안하고 또 미안했다. 어떻게 해야 이 미안함이 풀릴까?

'최선을 다했으니 이것만으로도 자연주의 출산이다'라고 위로하기는 너무 옹색하고 싫다. 어떻게, 어떤 식으로 위로를 해야 할까. 그렇게, 허무하게 우리는 제왕절개를 했다.

"원장님, 그래도 다행이에요. 아기가 중환자실 갔으면 어쩔 뻔했어요"라고, 모두들 의사를 위로한다.

"정말 다행이에요. 엄마가 큰 희생 했어요. 아기가 건강해 다행이에요"라고, 나는 아기 엄마를 위로했다.

시간이 얼마간 지나면 아기는 나오겠지만, 어떻게 나오느냐도 중요하다. 이런 순간에는 건강하게 만나는 것 이외에 다른 어떤 것도 중요하지 않다. 그것 말고도 다른 것을 바라면 그건 욕심일 것이다. 내 욕심으로 산모를 더 버티게 했다면 자연 분만이야 했겠지만, 그건 나의 욕심으로 억지로 한 것 외에 아무것도 아닌 것이다.

다행히 산모도 아이도 건강하게 잘 퇴원했고, 회음부 상처도 잘 아물었다. 마음의 아쉬움은 진하게 오래도록 남겠지만, 몸에 남은 흔적은 의외로 빨리 사라진다. 회복마저 더디고 후유증이 생기기라도 했다면 정말 더 힘들었을지 모른다. 다행히 산모가 산전에 건강 관리를 잘 했고 운동도 열심히 했던 터라 놀라운 회복력을 보였다. 정말 다행이었다.

과정이 주는 의미

어쩌다 이렇게 늦은 결정을 했을까? 모두들 아기를 믿었고, 산모를 믿었고, 산모가 가지고 있는 제반의 조건들을 믿었다. 회음부 절개 이후에 자궁저 압박으로 실패한 적이 거의 없었기에 그 경험도 한몫 했다. 의료진의 경험과 보이는 객관적인 사실들은 우리로 하여금 지나치게 낙관적인 예견을 하게 했다. 아무도 자연 분만을 못 할 것이라고 생각하지 않았던 것이다. 아기도 크지 않았고(3.38kg), 산모는 평균 이상의 큰 키(170cm)였고, 40주를 갓 넘겼고, 진진통 이후 평균적인 진행 속도였음에도 불구하고, 우리의 예측과는 다르게 아기는 제왕절개로 태어났다.

산모가 보통의 다른 산모들보다 더 많이 아파하고 이른 시기부터 밀어내기를 하고 싶어 했고, 일찍부터 무통주사를 원했고, 양수가 먼저 터졌다는 사실 자체가 우리들이 흔히 이야기하는 '아두골반 불균형'을 예측하게 하는 소견이라고 한다면 정말 할 말이 없다. 하지만 더 아팠더라도 무통주사 이후에 진행이 잘 되었고, 양수가 터졌음에도 감염의 징후나 태아곤란증 없이 잘 진행되었으며, 허리가 아프거나 진통을 아프게 느끼는 정도는 사람마다 다르기 때문에 객관화할 수 없다는 점을 고려한다면 '아두골반 불균형'을 처음부터 예측하지 못하는 것은 어쩌면 당연한 것일 수 있다. 그럼에도 불구하고 나는 너무 아쉬웠다. 차라리 미리 수술할 것을, 너무나 미안했다. 이럴 줄 알았다면 덜 고생시킬 것을……

우리 병원 개원 이후 회음부 절개 후에 제왕절개를 한 경우는 그것이 처음이었고, 내 전문의 생활을 포함해서도 겨우 두 번째 경험이었다. 어찌 생각해 보면 이곳은 웬만해서는 '자연 분만'을 포기하지 않는 곳이어서 이런 일이 생긴 것일지도 모른다. 여차 하면 수술하겠다는 생각을 가진 의사라면 이런 식의 '늦은 결정'은 하지 않았을 것이다. 부디 아기 엄마와 아빠에게 이 수술이 트라우마로 남지 않았으면 좋겠다.

수술이든 분만이든 우리에게는 그 과정이 주는 의미가 더 중요하고, 그 준비 기간 동안 예측할 수 없는 결과에 대해 두려워하며 불안해하는 것보다 잘될 가능성에 초점을 두고 긍정적이고 즐겁게 임신 기간을 보내는 것이 훨씬 더 아이에게 좋은 것임은 더 설명하지 않아도 될 당연한 이치다.

그러니 우리는 비록 제왕절개를 했더라도 자연주의 출산, 자연 분만을 한 것보다 더한 자연주의 출산이었다는 것으로 스스로를 위로하기로 했다. 그리고 또 생각해 본다. 다시 또 이런 상황이 온다면 그때의 나는 어떻게 할 것인가? 어떻게 하는 것이 맞는 것일까? 과연 '빠른 판단'과 '빠른 결정'으로 산모를 덜 고생시키며 빨리 수술 결정을 해야 할까? 아마도, 다시 또 이런 상황을 만난다 해도 그렇게는 하지 않을 것 같다.

아기를 만들기 그 훨씬 이전부터 우리는 아기 맞을 준비를 시작해야 한다.
그것이 진정한 자연주의 출산의 시작이다.

우리,
잘 낳을 수
있어요

3부_
두려움 없는 부부 출산을 위하여

임신 기간은 엉망인데, 자연 출산만?

할 수 없다, 해서도 안 된다

사실 알음알음 우리 병원을 찾아와 출산하는 산모들 중에는 '억지 자연 출산'을 당하는 사람들도 있다. 자연 출산의 외형만 생각하고 기대를 잔뜩 가지고 오는 사람들 중 일부는 절대로 우리 병원에서 출산을 할 수 없는 경우도 있다. 동영상에서 본 평화롭고 아름다운 출산만 떠올리고, 회음 절개가 싫어서, 내진하는 게 싫어서, 의사들 마음대로 수술을 결정하는 것 같아서 등의 이유로 오는 사람들도 있는 것이다.

아기는 정말 힘들게 세상으로 나온다

진정한 자연주의 출산은 진통을 온몸으로 견디며 세상에 나오는 아기를 도와주기 위한 부모로서의 당연한 과정이다. 여기서 가장 중요한 것은 아기다. 아기가 엄마 아빠를 보기 위해 자기 머리를 찌그러뜨려 가면서 산소가 부족한 상태를 굽이굽이 넘겨 가며 나온다는데, 그 과정을 함

께해 주는 것은 너무나 당연한 부모의 의무인 것이다.

아기가 그렇게 만반의 준비를 다 하고 나온다는데 엄마 아빠는 본인들만 생각해서, 어떻게 해서든지 아프지 않게 쉽고 빠르게 낳을 생각만 하고 있으면 되겠는가? 싫은 것만 명확하고, 무엇을 해 줘야 하는지, 본인들이 무엇을 해야만 하는지는 잘 모르는 부모들은 아기와 함께 진통을 견딜 준비를 하지 않는다.

출산 준비를 한다면서 예쁜 아기용품 사는 데만 관심이 있는 부모들은 정작 아기들을 위해 준비해야 하는 것이 무엇인지를 알지 못한다. 예쁜 아가 치장과 본인의 품위 있는 출산까지만 생각한 부모라면 어디에서 아이를 낳든 그것은 진정한 자연 출산이 아닌 것이다.

또한 자연주의 출산이냐 아니냐를 떠나서 그렇게 준비가 전혀 되지 않은 상태에서 출산에 맞닥뜨리게 되면 당황하고 두렵고 생각보다 아파서 몸이 안 움직여지기 시작한다. 그러면 자연스럽게 몸은 '위기' 반응을 보이고, 그 위기 반응에서 나오는 생존 반사로 엄마의 몸은 엄마의 몸 자신만을 살리기 위한 본격적인 방어 태세에 돌입하게 된다. 혈압은 높아지고, 심장은 요동치며 머리와 심장으로만 피를 보내기 위한 당연한 반사를 하는 것이다. 자연스럽게 자궁으로의 혈류는 줄게 되고, 자궁 속에서 보호받아야 할 아기는 그렇게 힘들게 진통을 혼자 견뎌야 하는 상황이 오는 것이다.

얄미운 아빠

그리고 더 나쁜 것은 그렇게 된 이후에 엉뚱한 곳을 탓하는 것이다. 애꿎은 환경 탓, 남편 탓, 의사 탓, 조산사 탓을 하면서, '차라리 그럴 바에는……' 하는 생각을 하는 것이다. 간신히 잘 버텨 준 아기 덕에 출산을 하더라도 출산은 평생 지우지 못할 트라우마로 남게 될 수 있다.

남편들도 마찬가지이다. "애는 원래 그렇게 낳는 것 아니야?" "당신만 왜 유난이야?" 하는 식의 반응을 보이는가 하면, 애써 아기에게 좋은 일 해 보겠다는 산모를 옆에 두고 출산 때도 진짜 미운 짓만 골라서 하기 일쑤다. 스마트폰 들여다보고, 밥 먹으러 나가고, 물 한 번 안 떠 주고, 졸립다 투정하고, 산모 옆에서 누운 자세로 진통을 돕겠다니……

정말 이런 남편을 보면 속으로 백만 번은 밉다는 단어가 맴돈다. 무엇보다 이런 반응을 보이는 남편과 함께 출산을 겪는 산모들은 행복할 수가 없다. 우리 병원에서 가끔 이렇게 '강제 자연 출산' 혹은 '억지 자연 출산'을 하는 사람들을 보고 있자면 안타깝기 그지없다.

먹는 것, 행동, 말씨 하나부터 모든 것이 아기를 맞이할 준비 과정의 중요한 요소이다. 아기를 맞이하기 위해 건강하게 먹고, 건강하게 운동하는 것은 기본 중의 기본이다. 기본이 되어 있지 않은 채로 어떻게 성과를 바랄 수 있겠는가? 내 아기를 품고 있는 내 아내 먼저 소중히 생각해 주는 남편이 아니고서야 어떻게 자연주의 출산을 하겠는가?

아기를 만들기 그 훨씬 이전부터 우리는 아기 맞을 준비를 시작해야 한다. 그것이 진정한 자연주의 출산의 시작이다.

저희들은 이렇게 하겠습니다

준비된 자들만 누리는 기쁨, 출산 계획서

자연주의 출산을 계획하는 사람들이라면 출산 계획서라는 말을 한번쯤 들어 봤을 것이다. 언제부터 시작된 것인지는 모르겠으나, 내가 기억하는 바로는 히프노버딩 책에서 나온 출산 계획서가 그 시초가 아니었을까 싶다. 아마도 메리 몽간 여사님께서 출산을 하던 그 시절에는 병원이 일방적인 서비스를 강요하던 시절이었기 때문에 그런 출산 계획서가 아주 중요한 것이었는지도 모른다. 그리고 그런 상황은 지금의 일반 병원 분만에서도 별반 다르지 않다.

당시 출산 계획서의 내용은 다음과 같았다.

- 음식을 자유롭게 먹겠습니다.
- 자유로운 자세로 출산하겠습니다.
- 내진을 받지 않겠습니다.
- 꼭 필요하지 않으면 관장을 하지 않겠습니다.

- 꼭 필요하지 않으면 수술하지 않겠습니다.

- 잘 설명을 해 주세요.

- 꼭 필요하지 않으면 제모를 하지 않겠습니다.

- 회음부 절개를 하지 않겠습니다.

- 양수가 터져도 기다리겠습니다.

- 항생제 투여는 최대한 미루겠습니다.

- 겸자나 흡입 분만은 하지 않겠습니다.

- 태반은 자연스럽게 나오도록 하겠습니다.

- 비타민 K는 가급적이면 경구로 투여하겠습니다.

- 캥거루케어를 하겠습니다.

이것은 두 사람의 출산 계획이라기보다는 병원에 대한 요구 사항을 써 놓은 것에 가깝다.

하지만 우리 병원을 비롯한 자연주의 출산을 하는 병원에서는 위와 같은 사항들은 이미 지켜지는 당연한 것들이기 때문에 산모들의 요구 사항에 포함되는 것이 전혀 의미가 없다.

의료적 이슈를 고려한 출산 계획서

그런데 병원에서 행해지는 의료 행위에 대한 제대로 된 정보 없이 이런 출산 계획서를 쓰다 보면 산모들은 출산이라는 것이 여차하면 의료적인 이슈가 발생하는 중대한 문제가 될 수 있다는 것을 간과해 버리기 쉽다.

출산 계획서대로 아무것도 하지 않고 기다리기만 해서는 출산을 할 수 없는 상황이 분명히 생길 수 있다. 그런데 그런 경우에 대한 대비를 전혀 하지 않고 그저 '아무것도 하지 않겠다'는 요구 사항으로 가득 찬 출산 계획서가 되어 버리는 것이다.

게다가 무언가 의료적인 결정을 내리는 의사나 조산사에 대한 일종의 거부감까지 생기게 하고, 그런 의료적인 결정에 반하는 것이 산모들의 큰 권리인 양 생각하는 부작용까지 생기는 게 아닌가 우려되었다.

그래서 우리는 자연스럽게 기다릴 수 없는 상황에 대해 사전 고지를 하고, 충분히 상의를 하자는 뜻으로 의료적인 이슈를 담은 병원용 출산 계획서를 만들어 산모들에게 배포해 보았다.

다음과 같은 내용이다.

- 41주가 넘을 경우……
- 양수가 먼저 나온 경우……
- 태반이 안 떨어지는 경우……
- 양수가 줄어든 경우……

- 기타 의료적인 이슈가 발생한 경우······
- 신생아 관찰이 필요한 이유······
- 신생아 검사의 종류나 백신의 종류······
- 수중 분만 등의 분만 형태 및 우리 병원에서 쓸 수 있는 옵션······
- 기타 요구 사항 등

그러자 산모들과 남편들이 약간 달라지기 시작했다. 출산이 계획대로 흘러가지 않을 수 있다는 것을 인지했고, 그럴 경우 의료진을 신뢰해 의료적인 판단을 맡겨야 한다는 것에 대한 공감을 불러 올 수 있었다.

물론 일반적인 병원에서 알려주지 않는 세세한 부분까지 산모들에게 다 오픈을 하다 보니 상담하는 데 더 많은 시간이 필요했고, 설명에도 더 많은 시간이 들었고, 산모들도 고민할 것이 많아 어찌 보면 절차상으로는 약간 귀찮아진 것도 사실이다.

그리고 정말 출산 계획이라는 것은, 두 사람이 임신 기간을 마치고 드디어 아기의 생일을 맞이하는 날이므로 어떻게 예쁘고 즐겁게 두려움을 없애며 둘이서 잘 생일을 맞이해 줄 것인가에 대한 계획으로 세워 올 것을 권장했다. 의료적인 것은 의료인에게 맡기는 것이 가장 좋지만 의료 외적인 것들은 산모의 뜻대로 하는 것이 좋다는 뜻에서이다.

예를 들자면 다음과 같은 내용이다.

남편:

- 아내가 아파하는 동안 열심히 허리를 마사지할 것이고, 아내를 편하게 해 주겠습니다.
- 사랑으로 끝까지 돌보겠습니다.
- 아내가 무엇을 원하는지 잘 듣겠습니다.
- 같이 춤을 추며 이 시간을 보내고 싶습니다.
- 아내의 주의가 흐트러지지 않도록 업무 전화가 오더라도 최대한 주의를 하겠습니다.
- 아내가 많이 아파하면 물을 받아 고통을 경감시켜 주고 싶습니다.
- 갈증이 나지 않도록 물을 열심히 먹도록 할 것이고 화장실도 주기적으로 다니게 하겠습니다.
- 만약 제왕절개로 아이를 만나게 된다고 하더라도 실망하지 않겠습니다.

산모:

- 다소 아프더라도 우리 아기가 함께 아파한다는 것을 잊지 않기 위해 노력하겠습니다.
- 저는 음악을 좋아하기 때문에 계속 음악을 들을 것입니다.
- 사과를 좋아해서 많이 준비해 왔습니다.

- 산책을 좋아하니 검사들이 끝나면 많이 나가 있고 싶습니다.
- 제가 의지가 약해지더라도 도와주세요.
- 아기의 생일이 오늘이 아니라 내일이 되더라도 인내심을 잃지 않겠습니다.
- 진통이 길어지더라도 아기 상태가 괜찮다면 아기도 더 힘든 시간을 보내고 있다는 것을 인지하고 아기를 더 돕기 위해 몸을 많이 움직이고 싶습니다. 도움을 주세요.
- 제왕절개로 아기를 만나게 되더라도 실망하지 않겠습니다.

이처럼 두 사람이 최대한 방해받지 않고 옥시토신 호르몬이 충만한 상태에서 출산할 수 있게끔 계획하는 것이 진정한 출산 계획이 아닐까 한다.

제대로 준비된 출산

실제로 이렇게 본인들의 출산 계획을 세우고, 병원 측에서 배포한 의료적인 이슈에 대처하기 위한 출산 계획을 따로 받게 되니, 산모와 남편은 출산이라는 여정에서 의료적인 이슈가 생길 가능성이 있다는 것을 좀 더 자연스럽게 받아들이게 되었다. 무엇보다 두 사람이 출산의 주체로서 별 문제 없이 어떻게 잘해 나갈 것인지에 대해 그림을 그려 보고 시

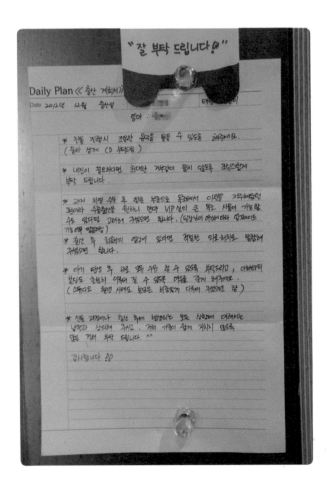

우리, 잘 낳을 수 있어요

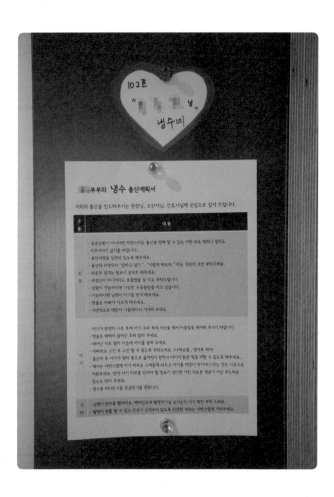

나리오도 써 볼 수 있게 되었다. 남편들도 보다 실질적으로 출산을 계획해 볼 수 있게 된 것이다.

출산 계획. 예측할 수 없는 일생일대의 중요한 이슈를 계획대로 하겠다는 것은 어쩌면 말도 안 되는 일인지도 모른다. 결국 이 계획서는 '계획'이며 의료적인 이슈가 발생할 경우 어느 때고 변경 가능하다는 전제 하에서 이루어지는 것이다.

그렇기 때문에 의료 행위 거부를 위한 요구 사항에 지나지 않았던 기존의 출산 계획은 이제 바뀌어야 한다. 더군다나 자연주의 출산을 지향하는 병원이나 조산원이라면 더욱 그렇다.

둘이서 잘하게끔 교육을 하고 출산실을 제공하며 적절한 의료 인력을 배치하는 것이 병원이 해야 할 가장 중요한 역할이라면, 그것을 본인의 출산에 맞게 이해하고 잘 이용하기 위해 만반의 준비를 하는 것은 부부가 해야 할 몫이다.

아무리 훌륭한 결혼식장을 예약한들 신랑 신부가 결혼식이 과연 무엇을 의미하는지, 그 안에 어떤 과정들이 있는지에 대한 사전 준비와 공부가 되어 있지 않다면 어떻게 그 결혼식이 제대로 치러질 수 있겠는가? 결혼식이나 출산 모두 부부 자신들을 위한 것이다. 가장 자연스럽게 그러나 최대한 완벽하게 준비해야만 잘할 수 있을까 말까 한 일생일대의 중요한 사건이다.

아빠가 되기 위한 준비

아이를 기다리는 남자가 할 수 있는 일이 무엇일까?

임신이 되려면 수정이 되어야 한다. 수정은 여성의 난자와 남성의 정자가 융합되는 과정이며 정자의 치열한 생존 경쟁이다. 난자가 난소에서 배출된 후 생존할 수 있는 기간은 8~12시간, 정자의 운동 속도는 1~4mm/min, 난관의 총 길이는 약 15cm이므로 남자가 사정 후 최소 약 40분이면 정자가 난관 끝까지 도달하여 수정이 이루어진다.

미국 시카고 노스웨스턴 병원의 의사 제레드 로빈스는, 남성 불임은 유전적 요인, 생활 스타일, 노출되어 있는 환경, 호르몬 등과 같은 여러 가지 요인들의 영향을 받기 때문에 정확한 불임의 원인을 찾아내기 어렵다고 말했다.

임신이 되기 위한 가장 좋은 추천 방법은 '건강한 생활방식과 좋은 관계를 갖는 것'이다. 그러나 임신을 계획하고 있는 커플들이 가지는 문제점 중 하나는 성관계의 초점이 임신에만 맞추어져 있어, 가임기를 제외한 다른 날에는 성관계가 별로 없는 커플이 많다는 것이다.

임신이 쉽게 되는 사람이 있는가 하면, 아무리 노력해도 쉽지 않은 사람이 있다. 아이를 기다리는 남자가 할 수 있는 일이 무엇일까? 혹시라도 옥황상제의 명을 받아 인간계에 아기의 수를 관장하는 삼신할머니께 절실한 기도를 올려 보려 한다면, 그 전에 본인의 의지로 실천할 수 있는 '아빠가 되기 위한 준비'를 살펴보자.

1. 몸무게를 줄이자

과체중 또는 비만인 남녀 커플이 정상 체중을 유지하는 커플보다 아이를 갖는 데 더 많은 시간이 걸린다. 미국 불임학회에 따르면, 과체중 또는 비만이 남자의 정액의 질을 떨어뜨리고, 정액 수와 정액의 운동성을 떨어뜨리며, 정액 내에 있는 DNA 손상을 입힐 가능성이 높아진다고 한다.

2. 건강한 몸 상태를 유지하자

내과 질환인 고혈압, 당뇨와 같은 질병이 임신 확률을 낮출 수 있고, 낭포성 섬유증 또는 정삭 정맥류와 같은 질병은 남성 불임의 원인이 될 수 있다. 더불어 고혈압, 우울증, 통증, 전립선 비대증을 치료하는 약이 정액에 안 좋은 영향을 미칠 수도 있으며, 테스토스테론 보조제도 정액의 수를 감소시킬 수 있다. 또한 몇 가지 항암 치료약과 방사선 치료는 남성의 영구적인 불임을 일으킬 수도 있으므로 약물을 복용중인 남성 가운데 임신을 계획한 사람은 의사와 상의해 보는 것이 좋다.

3. 건강한 식습관을 갖자

건강한 식습관과 충분한 과일, 채소 섭취가 도움이 된다. 건강한 다이어트는 몸 안에서 산화 방지제를 생성하여 건강한 정액을 만드는 데 도움을 준다고 하니 풍부한 섬유질, 불포화 지방산과 적당한 양의 단백질 섭취를 하도록 한다.

4. 적당한 운동을 규칙적으로 하자

규칙적인 운동은 스트레스 해소에 좋고 기분이 좋아지며 자존감이 상승하는 등 장기적으로 건강을 유지할 수 있게 한다. 하지만 과도한 운동은 남성 불임이 올 수도 있다고 한다.

한 연구 결과에 따르면 일주일에 최소 약 5시간 동안 자전거를 탄 남자들의 경우, 정액의 수와 운동성이 다른 운동을 한 남성과 운동을 아예 하지 않는 남성의 정액에 비해 낮았다고 한다.

5. 임신 가능성은 나이와 반비례

남자들은 50대에 접어들면서 건강한 정액의 양과 운동성도 줄어들고, 정액 안에 있는 DNA 손상 또한 올 수 있다. 50대 남성이라면 아이를 갖기까지 오랜 시간이 걸릴 수도 있다.

6. 금연하자

흡연은 정액의 질을 저하시킨다. 흡연은 정액의 수와 운동성을 떨어뜨리고 비정상적인 모양을 만들 수 있으며, 정액이 난자에 도달했을 때

수정될 확률도 낮아지게 한다.

7. 지나친 음주는 삼가자

많은 여자들은 임신 계획에 앞서 금주를 하기 시작한다. 남자들 또한 이를 기회로 삼아 지나친 음주를 하지 않는 것이 좋다. 연구 결과에 따르면 과도한 음주 또한 정액의 질을 떨어뜨린다고 보고되었다.

그 밖에도 노트북을 무릎 위에 두고 사용하는 남자가 손상된 정액 또는 낮은 운동성을 가진 정액을 가질 확률이 높다는 사실은 어느 정도 알려져 있다. 노트북과 고환의 거리 또는 노트북에서 나오는 열 또는 무선 인터넷에서 오는 방사선 노출 때문에 안 좋은 결과를 초래할 수 있으니 전자파 차단에 신경을 쓰는 것이 좋다.

반드시 끝날 고통

여자 몸은 출산을 위해 완벽하게 디자인되어 있다

우리는 종종 당연히 괜찮을 수밖에 없는 일들에 대해 지나치게 두려움을 가지곤 한다. 물론 그렇지 않은 경우들도 있겠지만, 사실 평범한 사람들에게는 그다지 일어날 확률이 높지 않은 일들을 너무나 많이 생각하고 살다 보면 나도 모르게 점점 더 방어적으로 몸이 변하는 것을 느끼게 된다.

예를 들어 대변을 보러 갈 때, 아무도 변이 대장 어딘가에 있다가 직장을 거쳐서 나온다고 생각하지 않으며 그 시간을 계산하지도 않는다. 이는 지극히 생리적인 현상이므로 우리는 그런 계산을 전혀 할 필요가 없는 것이다. '생리적인 현상'이란 이렇듯 계산하지 않아도 저절로 우리 몸에서 알아서 해 주는 일들을 일컫는 말이다.

분명히 교과서에서는 '분만, 출산'에 대해서도 '생리적인 과정'임을 명시하고 있다. 그러므로 분만과 관련된 일을 하는 산과의도 출산이 '생리적인 과정'이라는 것을 산모들에게 가르쳐 주고 안심시키라고 기술되어 있다. 거기에 더불어 '통증'이라는 것은 당사자를 둘러싼 사회문화적인 요인에 의해 좌지우지되므로, 같은 정도의 통증이라고 하더라도 매우 다르게 받아들여질 가능성이 있는 지극히 사적인 경험이라고 설명한다.

다시 말해 누군가 '매우' 고통스러울 것이라고 말을 하면 '매우' 고통스러울 것을 우려하여 '더' 고통스럽게 자극을 받아들이게 된다는 것이다. 이러한 고통에 대한 잘못된 기대는 우리 몸의 교감 신경을 흥분시켜 심계항진을 유발하고 혈관을 축소시키고 동공을 축소시키고 근육을 경직하게 하여 우리 몸이 빨리 도망갈 수 있는 방어 태세로 돌입하게 한다. 흡사 공포스러운 장면이나 예기치 못한 상황에서 흠칫 놀라면서 가슴이 덜컹하고 심장이 벌떡거리는 것과 같은 것이다.

아기는 어떨까를 생각하며

'분만'이라는 말을 들으면 어떤 생각이 드는가? 교과서에 나온 대로 '편안한' 생리적인 현상으로 받아들이고 있는가, 혹은 남들 이야기대로 고통만 난무하는 다시는 겪고 싶지 않은 어쩔 수 없는 형벌처럼 생각하고 있지는 않은가?

사실 안타깝게도 산과의들이 공부하는 산과학 책에는 '생리적인 현상'이므로 걱정하지 말라는 말 이외에는 고통스러울 수 있는 그 경험을 덜 고통스럽게 하기 위한 상세하고 친절한 설명은 나와 있지 않다. 아마도 그렇기에 산과 의사들은 "아프면 무통주사하면 돼요"라고 손쉽게 이야기하는 것인지도 모른다.

어쩌면 그러한 산과 의사들은 자신이 산전 관리를 해 주는 산모들에게 무통주사 이외의 다른 대안이라곤 아예 없다고 생각하거나 있더라도 무통주사만큼 '강력'하지 않다고 느낄지도 모른다. 방대한 양의 교과서 속에 정상 분만을 기술하고 있는 페이지 수는 정말 몇 페이지 안 되는 산과학을 공부한 대표적인 칼잡이 산과 의사들에게 생리적인 현상을 그대

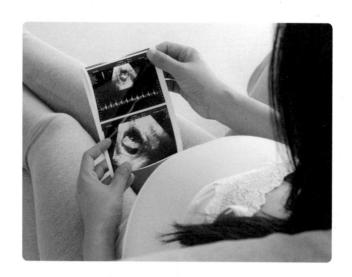

로 보고 있으라고만 하는 것만큼 괴로운 일은 없을지도 모른다.

그러나 그리 무서워할 일이 아니다. 신이 주신 우리의 골반은 얼마든지 열릴 수 있는 구조로 되어 있으며, 아기의 머리 또한 엄마 골반에 얼마든지 적응할 수 있게끔 열린 구조로 되어 있다. 예로부터 우리 엄마들은 그저 그렇게 아기를 낳아 왔고, 아기들이 힘들까 봐 어떻게 해서든지 아기 덜 힘들게 하려고 최선을 다하면서 출산을 해 왔다. 여자의 몸은 출산을 아주 잘할 수 있게끔 완벽하게 디자인되어 있고 아이의 머리는 그 골반에 아주 잘 적응하게끔 완벽하게 디자인되어 있다. 우리는 그걸 믿어야 한다.

'아기는 어떨까'를 항상 생각해야 한다. 아기는 정말 엄마만 믿고 세상에 나온다. 엄마가 어떻게 해서든지 본인을 위해 문을 열어 줄 것이라는 근거 없는 확신이 있기 때문에 본능적으로 때가 되면 나오는 것이다. 당연히 머리가 찌그러지는 고통이 따를 것이고 숨이 턱턱 막힐 만큼 온몸과 탯줄이 조여 옴을 느낄 것이다.

그런 아기를 생각한다면 나 안 아프자고 무통주사를 그렇게 쉽게 결정할 수는 없는 일이다. 엄마들은 항상 묻는다. "이 무통주사, 아기에게는 안 가는 거죠?" 하지만 그 말은 곧 "아기는 그냥 계속 그대로 아픈 거죠?"라는 질문과 다르지 않음을 잊어서는 안 된다.

산모는 마라토너

몸을 만들고 훈련도 열심히

'러너스 하이(Runner's high)'라는 것이 있다. 주로 마라톤을 할 때 달리면 달릴수록 기분이 상쾌해지는 느낌을 말하는데, 달리기 애호가들이 느끼는 일종의 도취감이다. 러너스 하이는 꼭 달리기를 해야만 느낄 수 있는 것이 아니라 수영, 축구, 스키 등 장시간의 운동에서 일정 시간이 지나면 찾아 오는 신체적 행복감이라고 할 수 있다. 그런데 이런 신체 반응을 유발하는 신기한 호르몬이 엔도르핀이라고 한다.

우리 몸은 극심한 신체적인 고통이 오면 그 고통을 경감시켜 줄 수 있는 내재적인 방어기제를 가동해서 끊임없이 엔도르핀이라는 천연 진통제를 만들어 내고, 그 결과 지속적으로 운동을 가능하게 하며 마지막 순간에 이러한 엔도르핀에 거의 중독된 듯한 현상까지 만들어 낸다.

출산 과정도 마라톤과 다르지 않다. 온몸으로 느껴지는 통증을 견디기 위해 저절로 엔도르핀이 나오기 시작하고 어느 순간 통증에 무뎌지게 된다. 같은 고통의 크기라도 몸을 잘 이용하면 훨씬 덜 고통스럽게 느

끼는 것이다. 물에 들어가 이완을 하거나 적절한 움직임을 지속하고, 호흡을 잘해서 마음을 가다듬는 것도 이러한 몸의 적응 과정을 돕는 방법들이다.

물론 이렇게 적응을 하기까지에는 고난이도의 훈련이 필요하다. 마라톤 선수들이 어느 날 갑자기 42.195킬로미터를 뛸 수 있게 되는 것이 아닌 것처럼 출산이라는 신체 활동을 견뎌 내기 위해서는 그에 따른 훈련이 필수라는 것이다. 지구력은 기본이고 인내심도 있어야 하며 자기 확신도 있어야 한다.

어느 날 갑자기 억지로 운동을 하다가는 인대에 손상을 받거나 근육 파열이 생기는 것처럼 생전 골반 운동 한번 해 보지 않았던 사람이 어느 날 갑자기 출산이라는 어마어마한 골반 운동을 겪게 되면 당연히 후유증이 생기고 견딜 수 없을 것이다. 그러기에 우리 몸의 호르몬을 믿기 전에 우리는 그 호르몬이 잘 작용할 수 있는 신체 조건을 갖추는 것을 먼저 신경 써야 한다.

예로부터 난산하는 사람들은 부귀하고 안일한 여자가 많다고 하였다. 가만히 앉아서 뻣뻣한 골반을 만들어 놓은 사람이 순산을 기대하는 것은 억지이다. 부지런히 움직이고 부지런히 준비해야만 잘할 수 있다. 아무리 훌륭한 남편과 의사가 있더라도 산모 본인이 진통을 온몸으로 받아들일 준비가 되어 있지 않다면 도와줄 수 없는 것이다. 아무리 훌륭한 코치가 있더라도 훈련을 게을리한다면 훌륭한 마라토너가 될 수 없는 것과 같은 이치이다.

우리, 잘 낳을 수 있어요

모든 것은 마음에서

긍정적인 마음의 근육

마음은 한번에 한 가지 생각만 가질 수 있다. 여러 가지 생각을 동시에 할 수 없다는 뜻이다. 기쁘면 기쁜 것이고 슬프면 슬픈 것이다. 강력한 자기 확신은 그에 따른 신체 변화를 수반하게 마련이다. 이는 올림픽에 출전하는 사격 선수가 경기에 나가기 전에 과녁을 맞히는 상상을 하는 것과 같다. 나의 출산이 아름답고 완벽할 것이라는 강한 확신은 막연한 기대와는 확실히 다르다. 강한 확신은 강력한 동기를 부여하고 변화를 이끌어 내지만 막연한 기대는 게으름만 유발할 뿐이다.

산모는 출산을 하러 병원에 들어온 그 순간부터 모든 것들에 대한 예민함을 낮추고 오로지 본인의 출산에 대해서만 집중할 수 있을 만큼 훈련을 해야 한다. 그리고 출산이 고통스러운 과정의 연속일 것이라는 부정적인 걱정과 우려를 버리고 기쁘고 즐거운 아기의 생일파티가 될 것이라는 강력한 자기 확신이 들도록 자기 최면을 걸어야 한다. 남에 의해서 유도되는 최면이 아니고 본인 스스로 본인을 안심시키는 자기 최면

이 필요하다는 뜻이다.

평상시에도 이와 같은 생각을 많이 한 사람들은 의심이 없다. 반면에 자연 출산을 원하는 산모들 중에는 막연한 기대만 가지고 본인이 해야 할 노력은 게을리하는 사람들도 있다. 이런 사람들 가운데 때로 운이 좋아서 자연 출산에 성공하는 사람도 있지만 그렇지 않은 경우가 대부분이다. 기대와 다른 난산으로 실망하고 본인의 노력 부족보다는 주변의 조력 부족을 탓하며 원망과 아쉬움만 남기는 것이다. 그 원망의 대상은 남편이 되기도 하고 의료진이 되기도 하며 어떤 경우에는 안타깝게도 아기를 탓하는 때도 있다.

몸은 마음의 로봇

히프노버딩 기법은 신체적인 고통을 부정하는 것이 아니다. 그게 아니라 진통이라는 단어를 들을 때마다 나도 모르게 떠오르는 고통과 부정적인 이미지를 깊은 잠재 의식 단계에서 다른 긍정적인 것들 — 이완이나 호흡 등 — 로 완전히 대체할 만큼 마음 수련을 하라고 한다. 고통이 없다는 것이 아니라 고통은 분명히 존재하는 것이지만 얼마든지 극복할 수 있다는 강한 확신을 가지라는 것이다.

히프노버딩 워크샵에 참석해 보면 그 첫 번째 시간에 가르치는 것이 '몸은 마음의 로봇'이라는 것이다. 몸은 로봇처럼, 내 마음이 움직이

는 대로 움직인다는 사실을 반복 훈련과 연습을 통해서 직접 체험하게
한다. 그리고 단계를 따라 이완의 과정을 거치다 보면 실제 깊은 최면과
도 같은 상태에까지 이를 수 있다.

마음에도 근육이 있다. 긍정적인 마음의 근육을 키우면 당연히 긍정
적인 에너지가 많아질 것이다. 마음을 실체 없는 무기력한 존재로 볼 것
이 아니라, 모든 것이 마음으로부터 시작된다는 믿음을 가져야 한다.

건강한 몸에 건강한 마음이

많이 움직이고 열심히 먹으세요

　서양의 격언에 Sound body, sound mind라는 말이 있다. 건강한 몸에 건강한 마음이 깃든다는 뜻이다.

　요즘과 같은 칼로리 과잉 시대에 건강하게 먹는 것은 정말 어려운 일이다. 마트에 가 보라. 널려 있는 것이 도대체 어디 출신인지 모를 밀가루와 설탕으로 만든 간식이다. 식품 포장재는 온통 석유에서 만들어진 플라스틱이다. 즉 어디서 온 것인지는 명확하지 않지만, 음식의 형태로 보이는 것들을 무엇으로 구성되어 있는지 모르는 포장지로 싸 놓고 파는 곳이 마트이고 그것을 묻지도 따지지도 않고 '음식'인 것 같다는 이유로 소비하는 것이 우리들이다. 그리고 꼭 비싼 유기농 재료로 만들어진 비타민을 아주 많은 돈을 주고 사 먹고, 많은 돈을 들여 비싼 운동 기구가 있는 곳에서 폼 나게 운동을 해야지만 뭔가 돈을 쓴 것처럼 느끼는 어이없는 세상에 우리들이 살고 있다.

　임산부라고 다르지 않다. 아기가 원한다면서 무절제하게 아무거나 먹

NEW 연두부 교실 강좌안내
(연&네이처의 두려움 없는 부부출산 교실)

★ 필소강의

1강 - Dr.박지원 원장님 : 자연출산intro
["출산은 아기를 만드는 과정이 아니라, 부모를 만드는 과정이다." 왜 우리는 그토록 자연스럽게 아기 낳기를 거부하는가…
고통과 치욕스러움으로만 표현되는 현대 의료시스템 속의 분만 과정의 문제와 그 안에서 우리가 잃었던 갓난 아기의 존재를
다시 생각해 봅니다. 의료산업의 틀을 벗어난 올바른 아기 낳기와 올바른 부모 되기에 대하여 생각해 봅니다.]

2강 - Dr.최연재 원장님: 임신 중 영양관리
[엄마가 먹는 모든 것이 아이의 평생을 좌우합니다. 늘어나는 각종 소아질환, 소아비만 등 이 모든 것들이 뱃속에서 시작됩니다.
성실한 엄마가 되는 첫 걸음은 올바른 먹거리 챙기기부터 시작되어야 합니다.]

3강 - Dr.최슬아 원장님 : 히프노버딩 이완
[우리가 언제부터 아기 낳는 것을'고통'이라고 부른 것일까요?
출산을 다르게 바라보고, 잠재의식 속에서 출산을 받아들이면 더 이상 출산은 고통스럽지않은 일생 일대의 가장 아름다운
선물이 됩니다. 출산의 고통에 대한 두려움을 히프노버딩으로 극복해 봅니다.]

4강 - 김혜경 둘라(스피닝 베이비 프랙티셔너) : 스피닝 베이비
[스피닝 베이비는 힘이나 기술을 이용하는 것이 아닙니다. 부드러운 기술 몇 가지와 움직임을 이용해 출산의
결과를 더 좋게 해 줍니다]

5강 - 연앤네이처 조산사 강의 : 출산리허설
[예정일이 다가올수록 궁금증과 두려움이 생깁니다. 길고 큰 파도를 어떻게 보낼지에 대해 익혀 봅니다.]

6강 - 모유수유전문가 김순덕 선생님 : 모유수유와 육아
[모유수유 확립까지의 과정을 이해하고 올바른 젖물리기, 수유자세 등을 배우면서 모유수유에 대해 자신감을 키울 수 있습니다.]

고, 우아하게 휴식을 취한다. 살찌는 것은 자존심이 허락하지 않으므로 먹고 싶은 간식을 먹는 대신 필수 영양분이 들어간 건강한 음식은 멀리하고 대신 간편하게 영양제를 챙겨 먹는다. 배만 볼록 나온 산모들의 모습과 자신의 모습을 비교하며 점점 더 근육과는 거리가 먼 생활을 하는 것이다. 어쩌면 그렇기 때문에 우리나라의 제왕절개율이 그렇게 높아진 것인지도 모른다.

소박한 생활이 안락한 출산을 보장한다

산과 교과서 어디에도 멀티 비타민을 '꼭' 챙겨 먹으라는 말은 없다. 산과 교과서 어디에도 저위험군 산모들이 운동을 해서는 안 된다는 말은 없으며 운동이 조산을 유발하는 경우도 '저위험군'에서는 거의 드물다고 하고 있다. 왜 우리는 그런 드문 확률을 걱정하며 스스로 의료 개입의 길로 들어서려 하는가? 움직이지 않는 생활 습관과 형편없이 먹는 식습관이야말로 의사들로 하여금 더 많은 의료 개입을 하게 하는 빌미를 제공한다는 사실을 잊어서는 안 된다. 그런 형편없는 생활 습관을 가진 산모에게 출산은 절대로 생리적으로 진행되지 않는다.

당연히 많이 움직이고 당연히 잘 먹어야 한다. 적절한 칼로리의 음식을 골고루 먹고 열심히 움직인다는 단순 명료한 진실이야말로 산모들이 명심해야 할 진리이다. 옛날 엄마들은 밭 갈고 논 매면서 새참으로 어마어마한 양의 밥을 먹고 또 일했다. 그 시절에 출산 진통은 그저 오다가 가는 것이며 당연히 겪어야 할 일이었을 것이다.

요즘은 어떤가? 어쩌면 대접받고자 하는 산모들의 욕심이 커지면 커질수록 출산은 더 어려워지는 것이 자명한 일인지도 모른다. 중전마마와 같은 안락한 출산을 원한다면 지금부터 여염집 아낙네의 평범한 삶을 닮을 필요가 있다. 소박하게 먹고, 소박하게 운동하며 부지런함이 몸에 배어 있는 그런 삶 말이다.

식탁의 절반은 과일과 야채로

조금만 더 먹으면 됩니다

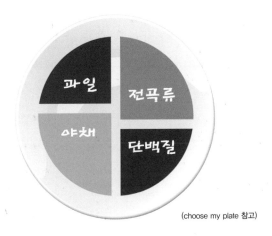

(choose my plate 참고)

위의 그림은 일반적으로 모든 사람들이 어떻게 먹는 것이 건강한가를 알려 주는 그림이다. 한 접시를 기준으로 $\frac{1}{4}$은 전곡류, $\frac{1}{4}$은 단백질, 나머지 $\frac{1}{2}$은 야채와 과일을 섭취하되 야채를 더 많이 먹도록 하며, 붉은 육류와 유제품의 소비는 제한하는 것이 좋다.

임신을 했기 때문에 반드시 많이 먹어야 하는 것은 아니다. 조금만 더 먹겠다는 생각으로 식사량을 조절해야 한다.

1. 칼로리 밸런스를 지켜라

자신이 하루에 얼마나 많은 칼로리가 필요한지 알아야 체중 조절을 할 수 있다. 그리고 운동은 칼로리 밸런스를 지키는 데 도움이 된다.

2. 식사는 즐기되 적은 양으로!

식사는 가급적 천천히 먹으면서 즐겨야 한다. 음식을 너무 급하게 먹거나 다른 일에 신경을 쓰면서 먹다 보면 과식할 가능성이 높다. 식사 전후뿐 아니라 먹는 동안에도 배고픔을 채우고 만족감을 느끼는 것에 신경을 쓰도록 한다. 또한 언제 먹어야 하며 언제 수저를 놓아야 하는지 아는 것이 칼로리 밸런스를 지키는 데 큰 도움이 된다.

3. 과식은 절대 금물!

작은 접시나 그릇 또는 작은 사이즈의 컵을 사용해 적게 먹는 습관을 들이도록 해야 한다. 먹기 전에 먹을 양을 미리 담아 두는 것을 권장한다. 외식을 할 경우, 적은 양이 담긴 메뉴를 선택하고, 함께 온 동행자와 나눠 먹거나 음식을 남겨서 싸 가도록 하는 것도 좋은 방법이다.

4. 영양가 있는 음식을 자주 섭취한다

야채, 과일, 통곡물을 자주 먹도록 하고, 유제품들은 무지방 또는 저지

방 제품들을 섭취해야 한다. 칼륨, 칼슘, 비타민 같은 건강에 필요한 모든 영양소는 가급적 음식에서 얻는 것이 좋다.

5. 식탁의 절반은 과일과 야채로 채운다

식사를 할 때 토마토, 고구마, 브로콜리 같은 적색, 어두운 녹색, 오렌지색을 띠는 야채를 반드시 곁들여야 한다. 디저트뿐 아니라 반찬으로도 과일을 선택하는 것이 좋다.

6. 저지방이나 무지방 우유를 선택한다

저지방 제품이라고 할지라도 함유된 칼슘이나 다른 영양소들의 양은 일반 우유와 다르지 않다. 저지방 또는 무지방 우유는 칼로리와 포화 지방을 적게 갖고 있을 뿐 아니라, 일반 유제품에서 얻을 수 있는 영양소를 똑같이 함유하고 있기 때문에 더욱 권장하고 있다.

7. 가급적 통곡물을 먹는다

정제된 제품은 통곡물 제품으로 대체하는 것이 좋다. 흰 쌀밥 대신 보리밥을 먹는다든가 흰 식빵 대신 보리빵을 먹는 것이 좋다.

8. 저염, 저지방, 저당 음식은 필수

소금이나 설탕, 지방이 함유된 음식의 섭취를 줄이는 것이 좋다. 피자, 쿠키, 아이스크림, 사탕, 탄산 음료, 소시지, 베이컨, 핫도그 같은 음식들은 나트륨, 설탕, 지방이 많이 들어간 음식이기 때문에 섭취를 줄이도록 적극 권장한다. 이런 음식들은 가끔 필요한 것이지 매일 섭취할 음식이 아니다.

9. 항상 나트륨 함량을 확인한다

항상 라벨에 표기된 나트륨을 확인해야 한다. '저염,' '저나트륨,' '무염

식품'이라고 표기된 식품을 구입하는 것이 좋다.

10. 음료수 대신 물을 마신다

설탕이 흠뻑 가미된 시중의 음료수 대신 물을 많이 섭취하거나 설탕
이 가미되지 않은 음료를 마시는 방법으로 칼로리를 줄이도록 하라. 탄
산 음료, 에너지 음료 또는 스포츠 음료들이야말로 설탕과 칼로리의 섭
취를 높이는 중요 요소들이다.

11. 커피 한 잔과 초콜릿 한 입의 여유, 임신부라면?

일반적으로 커피는 '폴리페놀' 성분 때문에 건강 음료로 추천되는데,
몸의 활성 산소를 제거하여 세포의 노화를 막고 심혈관계 질환, 신경퇴
행성 질환 등을 예방하는 데 도움이 된다는 보고가 있다.

또한 커피의 주된 성분 중 하나인 클로로겐산은 발암 성분을 억제하
는 항암 효과가 있으며 혈액 중 나쁜 콜레스테롤(LDL) 수치를 감소시켜
고지혈증 및 심혈관계 질환을 예방하는 데 효과적이라고 한다.

하지만 임산부의 경우는 좀 다르게 접근해야 한다. 커피가 아무리
좋다고 하더라도 분명한 것은 태반을 건너간다는 것이고 탈수와 양수
과소증과 관련성이 있다고 보는 의사들도 있으므로 되도록 카페인은 적
게 먹을수록 좋다는 사실을 잊어서는 안 된다.

커피를 비롯한 음료와 초콜릿의 카페인 함유량

- 인스턴트 커피 1잔: 100mg
- 아메리카노 커피: 150~300mg
- 에스프레소 커피: 40~70mg
- 차 한잔: 75mg
- 캔콜라: 40mg
- 에너지 드링크: 80mg
- 다크초콜릿 바(50g): 50mg
- 밀크초콜릿 바(50g): 25mg

커피는 추출방식이나 커피 전문점마다 차이가 있지만, 무심히 먹고 마시다 보면 카페인 1일 권장량을 훌쩍 넘기게 된다. 심리적 혹은 생리적 욕구의 만족을 위한 기호 식품으로 커피를 찾는 횟수가 지나치게 많다면 카페인 함유량을 따져 본인의 섭취량을 점검해 보는 것이 좋다. 임신 초기에는 주의가 필요하고 12주가 넘어서부터는 카페인 섭취량을 점검해서 마시자.

무엇이든
골고루 적당히 먹어요

속설은 속설일 뿐

1. 산모가 원하는 것을 먹는 것이 중요

임신중에 시어머니가 챙겨 주신 녹두, 찹쌀, 인삼 가득한 삼계탕을 보고 '이걸 먹어도 되는가' 확인하기 위해 검색을 한 적이 있다. 그랬는데 "임신 중에는 닭고기 먹으면 안 돼"라며 친정어머니가 도로 가져가시자, 근거를 불문하고 안도의 한숨을 내쉬기도 했다. 의사인 내가 말이다.

어른들이 금기시하는 음식에는 대물요법적인 생각들에 기인하는 것이 많다. 토끼는 입과 코 사이가 찢어져 있으니까 임신 중에 토끼 고기를 먹으면 언청이를 낳게 된다고 해서 금기시했고 오리는 발가락 사이가 서로 붙어 있어서 아기의 손과 발가락이 붙을 것이라는 우려 때문에 먹지 못하게 했다. 닭고기를 먹으면 피부가 안 좋아진다고 했고, 돼지고기를 먹으면 발가락이 붙어서 난다고 하여 먹지 못하도록 했다.

이는 과학적인 근거가 없는 속설 혹은 낭설이다. 임신 중에는 태아의 성장 발육을 위해 양질의 단백질이 필요하므로 닭고기나 오리 고기는 매우 좋은 음식이다. 닭고기나 오리 고기를 먹어서 이상한 아기가 태어날 수는 없다. 오히려 필요한 영양소인 필수 아미노산이 풍부한 것이 이들 음식이다.

다만 체중이 너무 늘거나 너무 적게 늘지 않는 방향에서 먹는 양을 조절한다. 종종 식단 조사를 하는 것이 도움이 된다. 만약 채식주의자이거나 영양 상태가 좋지 못한 산모일 경우는 멀티 비타민 등의 영양제를 먹는 것도 도움이 될 수 있지만, 그렇지 않은 경우에 반드시 영양제를 먹을 필요는 없다.

오히려 과량의 영양제, 특히 많은 비타민제를 중복 복용할 경우 득보다는 실이 더 많을 수 있으니 비타민제가 필요한 경우 한 가지만 선택해서 먹도록 한다. 철분, 아연, 셀레늄, 비타민 A, B6, C, D 등은 과량 섭취할 경우 독성을 유발하고 특히나 하루 10,000IU 이상의 비타민 A를 섭취할 경우 기형을 유발할 수 있으니 주의해야 한다.

2. 임산부는 임신 기간 동안 약 80,000kcal 정도의 열량 더 필요

이를 임신 전체 기간으로 나누면 하루에 100~300kcal — 밥 한 공기보다 적은 양 — 라고 생각하면 된다. 임신을 했다고 양껏 먹다가는 금세 칼로리를 많이 섭취하게 되어 안 먹느니만 못하게 된다는 뜻이다.

옛날에야 먹을 것이 귀해서 임산부들이 살이 찌는 것을 좋아했다고 하지만 요즘은 임산부 비만과 임신 합병증의 높은 연관성이 밝혀진 만큼 칼로리는 제한해서 먹는 지혜가 필요하다. 칼로리는 제한하고 영양분은 골고루 들어 있는 균형 잡힌 식단을 구성하는 지혜가 필요하다. 칼로리를 제한한다면서 하루 종일 단팥빵만 먹어서는 안 된다는 뜻이다.

3. 엽산 챙겨 먹기

엽산은 되도록 임신 전부터 400마이크로그램(ug) 이상씩 복용해서 임신 초기 첫 3개월간은 먹도록 한다. 임신 초기—약 12주 내—에는 태아 신경계 등 모든 장기의 발생이 완료되는 시기로 엽산이 태아 신경관 결손의 발생을 감소시켜 주기 때문에 복용을 권하고 있다. 또한 엽산은 음식으로 섭취하기에는 많이 부족하므로 반드시 따로 복용한다. 과거에 신경관 결손 아기를 임신한 적이 있거나 기형아를 임신한 경험이 있는 경우 4mg을 복용하도록 한다.

4. 철분제는 최소 27mg을 임신 16주부터 복용하도록

임신 중 섭취한 철분 중 300mg 정도는 태아에게 전달되며 500mg 정도는 임산부의 혈색소 증가에 사용된다. 산모가 덩치가 크거나 쌍둥이 임신일 경우, 혹은 빈혈이 있을 경우는 60~100mg의 철분제를 복용한다.

빈혈 여부를 확인하기 위해 24~28주 사이, 32~36주 사이에 한 번씩 빈혈 검사를 해야 한다. 잊어서는 안 될 것이 철분제만 먹어서는 빈혈을 해결할 수 없다는 것이다. 빈혈은 대표적인 영양실조 증상 중의 하나이다. '어려서부터 빈혈이었어요' 하는 사람들을 보면 대부분 식구들 모두 빈혈을 앓고 있는데, 이는 엄마가 차려 주는 밥상 자체가 빈혈을 유발하는 밥상일 가능성을 시사하는 것이다.

그러므로 늘 빈혈이 있었던 사람은, 하루라도 일찍 식단을 적어 보고 무엇이 부족한지 찾아야 한다. 그 밥상 그대로 본인의 아이들과 똑같이 나눈다면 본인은 빈혈을 무슨 유전병처럼 아이들에게 물려주게 될지도 모른다.

다만 만성적인 빈혈을 앓고 있던 사람들 중에 일부에서는 정말로 빈혈을 유발할 수 있는 다른 질환들—예를 들어 위장 출혈, 암, 생리 과다 등—이 있을 수 있기 때문에 이러한 질환이 없는지도 반드시 확인해야 한다.

5. 비타민 D를 섭취한다

한 조사에 따르면 전체 여성의 90퍼센트 이상이 만성적인 비타민 D 부족증을 겪고 있다고 한다. 비타민 D는 뼈를 만드는 성분일 뿐만 아니라 항암 효과와 조산 예방 등 두루두루 없어서는 안 될 비타민이다. 권장

량은 하루 600IU 이상으로 적어도 혈중 농도가 20은 되어야 하며 정상은 30 이상이다.

6. 납/수은 중독 등을 유의한다

많은 사람들이 수은 중독에 대한 걱정으로 생선 섭취를 매우 무서워한다. 하지만 의외로 참치, 다랑어, 상어처럼 아주 크고 먹이 사슬의 가장 위쪽에 있는 생선들을 제외한다면 대부분 생선들의 수은 중독 정도는 그리 심하지 않다고 알려져 있다.

하지만 단백질 섭취를 한다고 매일 생선을 과량 먹는 것도 좋지 않을 수 있다. 뭐든 과하면 쌓이게 마련이다. 사람은 다른 모든 동식물의 먹이 사슬의 가장 위쪽을 차지하고 있다는 것을 잊어서는 안 된다.

의외로 납 중독에 대해서는 모르는 사람들이 많은데, 캔 음식이라든가 도자기 등에서 납이 묻어 나온다는 것은 주지의 사실이다. 납은 신경 독성을 가지고 있는 중금속으로 실제 납 농도가 10ug 이상 되는 산모들에서 태어난 아이들의 경우 후에 ADHD라든가 저신장을 앓게 될 가능성이 높다고 알려져 있으며 이외에도 여러 가지 질환들을 동반시킬 가능성이 있음을 잊어서는 안 된다.

임신 중 체중,
넘치지도 모자라지도 않게

비만 관리와 영양 실조 관리 모두 중요

임신 중의 적당한 체중 관리는 산모의 건강 유지뿐만 아니라 태어날 신생아의 적정 체중 등 신생아 건강 관리에도 도움이 된다. 대체적으로 적게 느는 것이 많이 느는 것보다는 유리하다.

비만한 산모에게서 임신성 당뇨, 고혈압, 저체중아, 조산아, 제왕절개율 증가, 산후 출혈, 상처 감염 등이 증가한다는 것은 널리 알려져 있다. 또한 비만 산모에게서 과숙아의 비율이 높고 기형아의 임신 확률도 높다고 알려져 있다. 반면 지나치게 낮은 체질량 지수(BMI, body mass index)를 가진 산모의 경우는 분만 진통 시간이 길어지고 태아의 발육 지연 등 합병증이 발생할 가능성도 있다고 되어 있다. 즉 너무 뚱뚱한 것도 너무 마른 것도 좋지 않다는 뜻이며 적절한 근육과 평균적인 체중을 가지고 있는 것이 바람직하다는 것이다.

산과학 교과서에는 산모의 적정 체중 증가를 산모의 체질량 지수

(BMI)에 따라 다르게 권장하고 있다.

체질량 지수란 체중(kg) ÷ 키(cm) ÷ 키(cm)이다.

예를 들어 키 160센티미터에 체중이 53킬로그램이면 53 ÷ 1.60 ÷ 1.60 = 20.7이 된다.

대략 체질량 지수로 18.5~23 정도까지를 정상 체중 범주로 본다.

아래 표의 내용은 서양 사람들 기준이므로 동양인인 우리들은 조금 더 적게 늘리는 방향으로 생각해야 한다.

체질량 지수		권장 체중 증가량	
분류	BMI	kg	lb
Low	〈 19.8	12.5 ~ 18	28 ~ 40
Normal	19.8 ~ 26	11.5 ~ 16	25 ~ 35
High	26 ~ 29	7 ~ 11.5	15 ~ 25
Obese	〉29	〉7	〉15

※ Williams 23rd Ed. p 201. table 8-7

요즘은 비만도 문제지만 임신 중의 지나친 다이어트나 영양 불균형으로 인해 저체중아의 출산을 심심치 않게 보곤 한다. 이러한 자궁 내 발육 지연이 있는 아기들은 단순히 몸무게만 적은 것이 아니고 모든 부분에서 부족하게 태어난다. 그래서 본능적으로 모든 것을 저장하는 습관을 후성적으로 받게 된다고 하는데 이러한 현상을 현재 '태아 프로그래밍 (fetal programming)'이라고 부르고 있다.

태아 프로그래밍 현상은 현재 산과 교과서에서도 중요하게 다뤄지고 있는 만큼 산모들이 절대 간과해서는 안 된다. 지금 돈을 조금 들여서라도 잘 먹고 잘 지내는 것이 후에 아이들의 신체적, 정신적인 건강을 보장하는 일이며, 결국 나중에 여러 가지 질환으로 병원에 가게 될 확률을 줄여 주는 길이 된다.

임신 중 운동은 필수

원래 하던 운동 위주로……걷기, 계단 오르기, 산전 요가 등

다칠 위험이 있거나 아주 피곤한 상태만 아니라고 한다면 임신했다고 해서 운동을 제한할 필요는 없다. 또 적절한 운동을 한 산모일수록 태반의 크기나 신생아의 체중이 더 좋았다는 통계가 있으므로 특별한 합병증이 있지 않다면 적절한 운동을 하는 것이 좋다.

운동의 강도는 사람마다 다를 수 있으나 임신 전에 해 왔던 운동의 강도보다 조금 약한 정도로 하면 된다. 만약 임신 고혈압이나 전치 태반, 다태 임신, 태아 성장 지연이나 산모의 심혈관계 질환이 있다면 운동을 제한하는 것이 좋다. 그러나 컨디션이 괜찮다면 일찍부터 시작해서 런닝 머신에서 조깅을 하거나 계단을 올라가는 등의 운동을 매일 적어도 30분씩은 하도록 한다.

사실 운동이 유산을 유발한다는 것은 매우 잘못 알려진 사실이다. 임신 초기의 유산이 대부분 건강하지 못한 태아에서 기인하거나 임산부 몸이 원래 가지고 있었던 기질적인 요인—응고 장애 등의 아주 특별한

문제—에 기인한다는 것은 널리 알려진 사실이다. 그리고 그러한 요인에 의한 유산은 대부분 임신 1/3분기 이전에 발생하게 된다. 이러한 유산은 운동이나 스트레스 때문에 발생한다기보다는 원래 그렇게 될 가능성이 있었던 임신이었기에 자연의 법칙에 따란 일어나는 자연도태 같은 것으로 봐야 한다. 따라서 건강한 아이가 임신되었다는 일반적인 가정을 할 수 있다면 임신 초기에 운동을 제한하는 것은 과학적으로 아무런 근거가 없다고 보아도 좋다.

임신 초기에는 무리하지 말고 적응된 후에

그러나 그렇다고 하더라도 임신 초기에 예전에 해 왔던 운동을 100퍼센트 강도로 계속할 수 있는 여성들은 아마 없을 것이다. 임신 초기에 산모들이 겪는 신체적, 심리적인 변화는 실로 어마어마하기 때문에 100퍼센트 능력을 발휘하기가 매우 어렵다. 운동을 하고 싶어도 너무 졸립고, 잘 먹고 싶어도 입덧 때문에 먹기 어렵고, 일에 집중을 하고 싶어도 두통이 심해서 일을 지속할 수 없는 시기가 일반적인 임신 초기이다.

그러므로 임신 초기에 무리해서 억지로 운동을 할 것이 아니라, 몸이 어느 정도 적응해서 입덧 증상도 없어지고 피곤도 덜한 시기가 오면, 그때부터 시작하는 것이 당연한 것이다.

다만 일부러 격렬한 운동을 할 필요는 없다. 운동을 하라고 권하면 꼭

"뛰어도 되나요?"라고 묻는 산모들이 있다. 물론 뛸 일이 있으면 뛰어야겠지만, 일부러 뛰다가 넘어질 수도 있는 운동을 찾아서 할 필요가 있을까? 임신 중에는 자칫 다쳤다가 치료의 선택이 용이하지 않은 경우가 많으므로 다치지 않을 운동으로 잘 선택해서 하는 지혜가 필요하다.

임신 중의 운동으로 대표적으로 권장되는 것은 허리를 바르게 펴고 빠른 속도로 걷는 운동이나 계단 오르기 등이다. 하루에 30분씩 산책하는 정도의 운동은 너무 적은 양이다. 더더군다나 요즘처럼 앉아서 직장 일을 하는 산모들이 많은 시대에는 너도나도 할 것 없이 척추와 골반의 균형이 깨져 있는 경우가 많기 때문에 그러한 부분들을 보완하는 운동을 병행하는 것이 좋다.

또 출산 후에도 근육의 양이 많을수록 요실금 등이 덜 생기고 체중이 돌아오는 속도도 빠르기 때문에 약간 많다 싶을 정도의 운동을 꾸준히 하는 것이 중요하다. 운동이 태아와 산모에게 좋다고는 하지만 모든 운동이 다 좋은 것은 아니다. 적절한 복근 운동과 적절한 스쿼트 운동은 출산할 때 매우 유용할 것이다. 충분히 심폐 기능이 향상될 만큼 운동을 할 수 있도록 훈련을 해야 한다.

산전 요가도 좋다
대부분 임신 초기에는 입덧과 태교에 관심을 두고, 임신 중기에 들어서서 태동이 느껴지고 허리와 등에 통증이 느껴지면 체중 증가, 출산 교실, 산전 요가 등에 관심을 갖게 된다. 임신 중 가장 흔한 고통 중 하나인 허리 통증은 임신 중 늘어나는 체중이 주된 원인이다. 그러므로 임신으로 인한 체중증가는 평균 10~13킬로그램 정도임을 잊지 말고 관리하자.

또한 임산부는 무거운 배를 지탱하기 위해 허리를 자꾸 뒤로 젖히고, 이로 인해 정상적인 척추 라인이 무너지며 통증을 느끼고 출산에 대한 두려움이 생기기도 한다. 이때면 임산부와 태아의 건강을 증진시키는 좋은 방법으로 산전 요가가 보다 적극적으로 추천되는데 요가를 통해 스트레칭과 명상, 호흡에 집중하는 등 출산을 다각적인 접근방법으로 준비할 수 있기 때문이다.

그러나 모든 산모에게 산전 요가가 도움이 되는 것은 아니며, 조기 진통의 위험이 있다거나 심장 질환, 특정 질환을 갖고 있는 산모 등의 경우에는 주치의와 상담을 한 후 결정하도록 한다. 또한 임산부의 감정이나 신체의 변화를 어루만지고 호흡과 명상을 통하여 태중의 아가와 엄마 사이를 더욱 깊은 교감으로 이끌어 주는 강사의 역할이 중요하므로, 임산부 요가 경험이 풍부한 강사가 운영하는 프로그램을 찾는 것이 좋다.

산전 요가에는 다음과 같은 효과가 있다.

- 숙면을 취할 수 있다.
- 스트레스와 불안감을 감소시킨다.

- 출산에 필요한 근육의 강도가 세지고, 산모의 유연성과 지구력이 증가된다.
- 요통, 구역질, 손목 터널 증후군, 두통과 호흡 곤란을 감소시킨다.
- 조기 진통, 임신성 고혈압, 자궁 내 성장 제한의 위험이 감소된다.

운동 시작 시기

그럼 운동은 언제 시작해서 언제까지 하는 것이 좋을까?

할 수 있다면 빨리 시작하는 것이 좋다. 주치의로부터 운동을 할 수 없을 만큼 중대한 신체적인 사유가 없다는 판단을 받았다면 당연히 운동은 열심히 해야 한다.

35~36주 무렵까지 꾸준히 열심히 운동을 하고, 그 이후에는 운동량을 줄이는 것이 바람직하다. 운동선수들도 경기에 나가기 전에 무리해서 운동량을 늘리지 않는 것과 비슷한 이치이다. 35~36주가 넘어서면 이제는 그동안 했던 운동을 정리하고, 체력을 비축하는 데 신경 써야 한다.

어떤 산모들은 새삼스럽게 안 하던 운동을 36주가 되어서야 비로소 시작하는 경우도 있는데, 그런 것은 절대로 권장하지 않는다. 만약 부득이하게 이 시기가 되어서야 운동을 시작할 수밖에 없었다면 가벼운 산책, 런지 등의 운동을 하는 것이 좋다. 특히 예정일이 지나면 더욱더 초조한 마음에 더 무리한 운동까지 하게 되는데, 오히려 이런 경우 산모가 더 지쳐서 분만 진통이 더 힘들어지거나 아기도 같이 힘들어질 수 있다.

그러므로 너무 늦기 전에 서둘러 운동을 시작하는 것이 어떨까? 절대로 너무 늦은 시기는 없다.

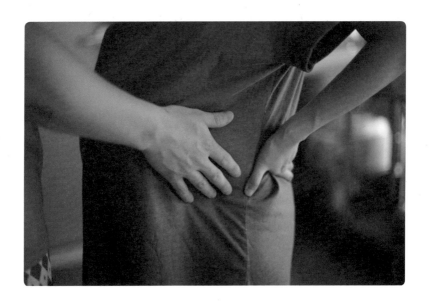

자연 출산을 위한 비법

산모 못지않게 중요한 남편의 역할

어쩌면 출산에 '비법'이라는 것은 어불성설(語不成說)일지 모른다. 아이를 낳는 데 남 모르게 숨겨 두는 방법이라는 게 있을 수 있단 말인가? 하지만 수많은 경우의 수 가운데 조금이라도 덜 힘들게, 더 수월하게 출산하기 위한 방법을 생각해 볼 수는 있을 것이다.

그동안 많은 산모와 그 남편들을 지켜보면서, 그리고 우리 병원이나 다른 곳에서 자연주의 출산으로 새 가족을 맞이한 부모들의 자연주의 출산을 보면서 그들에게는 어떤 특징이 있는지 정리해 보았다.

1. 모범적인 생활을 한다

모든 것들이 다 아이들에게 간다는 생각을 해야 한다. 지금 먹는 것, 지금 하는 행동, 지금 생각하는 것들 모두가 다 아이의 발달에 영향을 미친다는 것을 잊어서는 안 된다. 자연 출산을 잘하는 사람들은 기본적으로 일상생활 관리가 매우 철저했던 사람들이다. 즉 자연 출산 병원을 잘 선택해서 잘 낳은 것이라기보다는, 어떤 병원에서든지 자연 출산을 잘 했을 산모들이라는 뜻이다. 이들은 공통적으로 아무거나 먹지 않고 게으르지 않아서 체중도 적당하고 생각 또한 매우 긍정적이다. 자연 출산의 결과를 좋게 하기 위해서는 일상생활 관리가 필수임을 잊어서는 안 된다.

2. 의료 개입을 피하기 위해서는 몸 상태가 최상이어야 한다

스스로 공부 잘하고 있는 아이에게 학원이 필요하지 않고, 잘 자라고 있는 나무에 굳이 비료가 필요하지 않은 것처럼 잘 진행되는 진통에는 굳이 약물이 필요하지 않다. 잘 자라고 있는 아기의 경우에 유도 분만은 굳이 할 필요가 없지만, 발육 지연이 심하거나 양수가 심각하게 적거나 하는 등의 합병증이 발생한다면 당연히 아기에게 '자연스럽기 위한' 강요를 해서는 안 된다.

결국 의료 개입을 하지 않기 위해서는 엄마의 컨디션이 좋아야 하고, 이런 엄마들의 아기들 대개는 별다른 문제가 없는 경우가 많다. 반면 과도한 스트레스와 운동 부족, 다이어트 등으로 갖가지 문제들을 다 가지고 있는 엄마들의 경우, 임신 기간 동안 태아도 문제가 되는 경우가 많다는 것은 많은 산부인과 의사들이 동의하는 바이다. 그러므로 결국 자연스럽게 잘 낳기 위해서 엄마의 몸 컨디션을 최상으로 유지하는 것은 매우 당연한 일인 것이다.

3. 출산 교실에 적극 참여한다

인터넷에서 쉽게 찾을 수 있는 출산과 관련된 여러 단편적인 이야기들은 사실 별로 중요하지 않다. 오히려 출산 교실 등을 통해서 출산의 과정이 실제로 어떻게 전개되는지, 임신 전반기의 관리는 어떻게 하는지 등에 대해 제대로 확인된 정보를 얻는 것이 임신 기간 동안의 막연한 불안감을 줄여 준다.

우리 병원뿐만 아니라 자연주의 출산을 이끄는 산부인과는 산모에게 자연주의 출산에 대한 교육을 진행하고 있다. 정서적인 보살핌과 신체적인 통증을 관리할 수 있는 기술은 교육을 통해 배울 수 있으며 실제 출산에서 많은 도움이 된다.

남편이 적극적으로 참여하는 것은 더더욱 중요하다. 남편들은 결혼식장 들어가는 것에는 적극 관여하지만, 의외로 출산 앞에서는 작아지기 때문이다. 잘 알지 못해서, 혹은 너무 깊숙이 아는 것을 꺼려해서, 혹은 너무 바빠서 등 갖가지 이유로 남편들은 여자들만큼이나 출산 공부하는 것을 싫어한다.

그럴수록 자기 주도 출산, 자연 출산에 성공하기 위해서 남편의 역할이 매우 중요함을 상기시켜야 한다. 또한 산모가 말로 얘기해 주는 것

보다는 실제적인 교육을 함께 받는 것이 중요하다.

출산 교실에서는 기본적으로 출산의 실제나 운동, 호흡법, 태교 등에 관련된 내용을 교육한다. 대부분의 남자들은 듣기 싫어하고, 대부분의 여자들은 귀찮아하지만, 처음 낳을 아기를 맞이하는 데 인터넷에서 떠도는 소문만 믿고 할 것은 아니지 않은가?

4. 본인의 출산 성향에 맞는 출산 시설을 찾는다

자연 출산을 하는 데 반드시 시설이 중요한 것은 아니다. 사실 일상생활 관리를 매우 모범적으로 잘한 사람들은 어디를 가도 약물과 의료 개입이 없는 출산을 잘할 것이다. 집과의 거리, 의료진의 구성, 시설, 규모 등 외형적인 모습도 중요하지만, 그보다는 본인의 성향에 맞는 의사나 조산사가 있는지가 가장 중요하다. 그 다음이 시설과 규모나 비용일 것이다.

결혼식장을 고를 때도 심사숙고했던 것처럼 남편과 열심히 다니면서 본인과 맞는 출산 장소를 찾는 수고는 많이 해도 나쁘지 않다. 아기가 처음 세상을 맞이할 곳인데 당연히 까다롭게 골라야 하지 않을까?

다만 너무 저렴한 가격만 내세우는 곳은 피하면 좋겠다. 의료에서의 가격은 인력 구성과 매우 관련이 높다는 것을 잊어서는 안 된다.

우리, 잘 낳을 수 있어요

5. 진통은 당연히 길고 힘들다는 사실을 받아들여야 한다

어쩌면 진통을 쉽게 하고 싶다는 잘못된 욕심으로 인해 이 모든 의료 개입이 발생한 것인지도 모른다. 사람이 사람을 낳는 행위가 어떻게 쉬울 수만 있겠는가? 당연히 진통은 긴 시간을 필요로 하며 매우 인내심을 요하는 시간이라는 사실을 이해하고 받아들여야 한다.

초기 진통부터 빨리 아기를 낳고자 하는 욕심을 부리면 결국 당사자의 욕심대로 출산이 진행될 수밖에 없다. 달리 해 줄 것이라고는 없는 의료진은 빨리 낳게 하기 위한 몇 안 되는 편법을 쓸 것이다. 결국 촉진제 사용이나 무통주사 사용 여부는 누구도 아닌 산모 본인의 의지에 가장 많이 좌우된다는 것이다.

그러므로 초기 진통으로 약간 놀랐더라도 샤워를 하거나 대화를 하며 여유를 가지고, 진통이 다소 길어지더라도 아이를 생각하며 열심히 엄마가 할 수 있는 일을 하는 것이 중요하다.

6. 남편의 역할은 아무도 대신해 줄 수 없다

자연주의 출산은 산모, 남편, 아기가 함께하는 과정이다. 물론 출산에 이르는 과정의 주체는 산모일 수밖에 없지만 자연주의 출산을 통해 남편도 정신적, 신체적인 교감을 하는 것이며 둘라로서, 반려자로서, 아기 아빠로서, 출산 준비를 함께 하게 된다. 따라서 평생의 반려자, 남편의 이야기를 잘 듣자. 출산에서 가장 훌륭한 지지자는 의사, 조산사보다 '내 남편'일 수 있다.

아내의 출산이 길어지더라도 변함없는 사랑과 정성으로 아내를 돌봐야 하는 남편의 역할은 계속되어야 한다. 둘라를 고용해도 이 사실은 변하지 않는다. 둘라에게 모든 것을 맡겨 두고 본인은 딴짓만 하고 있다면 산모는 더한 외로움으로 출산에 집중하지 못하게 된다. 결국 훌륭한 남편은 본인 스스로가 둘라가 되도록 노력하며 본인의 역할을 돕고 전문적인 조언을 받고자 둘라를 고용한다.

남편은 출산 전에 얻었던 모든 지식을 이제야 직접 사용하게 된다. 마사지, 운동, 호흡법뿐만 아니라, 평상시에 아내를 즐겁게 해 주었던 본인만의 여러 가지 방법을 직접 해 보는 시간이 온 것이다.

남편만이 할 수 있는 모든 것들이 출산 계획서에 그대로 녹아 있다. 남들은 절대로 할 수 없는 아내와 본인만의 대화와 신호, 함께 사랑했던 시간 모두가 함께 어우러져 그 둘의 출산 계획서를 채우고, 그 출산 계획서에 따라 남편은 차근차근 산모를 돕게 되는 것이다.

잘 훈련되고 잘 계획한 남편들은 절대 허둥대거나 길을 잃지 않는다. 어려운 것은 당연하다. 하지만 할 수 없는 것은 아니다. 남편의 역할을 잊지 않는 것은 산모가 엄마로서 아기와 함께해야 할 그 진통의 시간을 준비하는 것 못지않게 중요하다.

7. 다른 이들의 부정적인 경험담은 멀리한다

긍정적인 사고방식이 모든 것을 지배한다. 옆집의 응급 제왕절개, 동창생의 대두아 출산 이야기 등은 모두 부정적인 피드백을 주며 태아뿐만 아니라 산모에게도 도움이 되지 않는다. 부작용에 대한 것은 병원에서 전문의에게 충분히 듣고 숙지하면 되므로 자연주의 출산에 대한 성공적인 이야기를 주변에서 듣는 것이 긍정적인 마음을 유지하는 비결이다.

8. 다양한 자세로 편안함을 찾는다

침대에 누워 진통을 겪으면 태아의 머리가 골반 안에서 회전하는 시간이 길어지고, 태아가 산도를 통과하기 어려워지기 때문에 가만히 누워 있는 자세는 분만에 좋은 자세는 아니다.

사람의 생김새가 다르듯 저마다 편안한 자세가 다를 수 있으므로 진통이 심해지기 전까지 눕거나 앉는 등 다양한 자세를 취해 보고 본인에게 편안한 자세를 찾도록 한다.

9. 호흡을 유지한다

모든 운동의 기본은 호흡이다. 내쉬면서 하는 운동 동작이 따로 있고 들이마실 때 하는 동작이 따로 있는 것처럼 출산도 마찬가지이다. 들이 마시고 내쉬는 숨 하나하나에 정성이 들어가야 한다.

호흡은 산소를 보내고 이산화탄소를 내보내는 기계적인 역할만 하는 것이 아니다. 호흡을 하면서 출산을 도와주는 모든 기운을 다 받아들이는 것이다. 그러기에 호흡 연습으로만은 부족하고 명상과 요가 등 바른 호흡을 위한 부수적인 연습이 더 필요한 것이다.

평상시에 출산을 이미지화하면서 아이가 엄마의 호흡에 따라 본인도 산소를 받으며 산도를 통과한다는 사실을 항상 기억해야 한다. 지금 숲 속에서 아이와 함께 산림욕을 즐기고 있다는 마음으로 출산 호흡에 임해 보는 것이 어떨까?

10. 의료진을 믿는다

자연주의 출산을 하는 사람들 중에는 의료진이나 간호사, 조산사보다 인터넷에 떠도는 소문을 신뢰하는 이들이 많다. 그래서인지 아무리 의사의 입장에서 근거를 들어가며 해서는 안 될 것들과 해야 될 것들을 알려 줘도 청개구리처럼 반대로 하는 사람들도 정말 많은 것 같다. 아무것도 안 해도 될 때라면 모르겠지만 특수한 경우일수록, 특히 브이백이나 둔위처럼 정말 특별한 경우라면 더더욱 의료진을 믿어야 한다. 인터넷 상에서 아무리 친절하게 상담을 해 주는 사람이라고 해도 절대로 결과에 대한 책임을 져 주지는 않는다는 사실을 잊어서는 안 된다.

고령 임신,
걱정만 하다 말 건가요?

위험을 줄일 방법을 찾읍시다

아직도 산과책은 35세를 기준으로 노산을 결정한다. 'traditionally'라는 말로 시작되어 예전부터 그랬으니까 지금도 35세를 기점으로 노산 여부를 구분한다는 것이다.

그렇다면 35세 이상의 여성들은 정말 고위험인가?

35세 이하 여성들은 정말 저위험인가?

"그렇지 않다."

물론 나이가 많아지면 불리한 측면이 많다. 인대도 유연하지 않고, 관절도 뻑뻑하고, 혈관도 점점 나빠진다. 이러한 것들은 일상생활 관리가 잘 안 된 사람들일수록 더 심하다. 불리한 측면이 있으니 불가능하다는 뜻인가?

그렇지 않다는 것을 우리는 잘 알고 있다.

임신도 마찬가지이다. 옛날 같았으면 은퇴할 나이에 임신과 출산을 하는 것이니 당연히 불리할 수밖에 없다. 스무 살 여성이 아기를 '순풍' 낳듯이 모두가 그렇게 낳기를 기대하기는 당연히 어렵다. 그렇다고 해서 아기를 못 낳는 것은 아니지 않은가?

반드시 그런 것은 아니다

35세 이상이라고 하여 반드시 염색체 이상 아기를 임신하는 것도 아니다. 많은 사람들이 35세 미만이면 다운증후군 아기를 임신할 가능성이 없는 것처럼 생각하지만, 실상 다운증후군 아이들의 엄마들 나이가 반드시 35세 이상인 것은 아니다. 오히려 절대적으로 35세 미만의 임신부들이 더 많기 때문에 실제 다운증후군 아기들은 대부분 35세 미만의 엄마들에게서 태어난다.

35세 이상이면 반드시 당뇨가 생기는 것도 아니다. 나이가 들어가면서 당뇨 등을 비롯한 성인병의 발생 빈도가 늘어나는 것은 당연하고 나이가 들어 임신하면 임신성 당뇨의 가능성이 높아질 수 있지만, 반드시 당뇨가 생기는 것도 아니다. 35세 이상의 임신에서는 고혈압, 당뇨, 난산 등의 가능성이 높아진다고 알려져 있지만 반드시 그렇지는 않다.

정말 문제가 되는 것은, 어려울 것 같으니 아예 도전을 안 하거나, 어려울 것 같으니 다른 방법으로 피해 가는 것인데, 기껏 피한다는 것이 제왕절개라는 것이다. 나이 들어 제왕절개를 하는 것이 더 나쁜지, 나이 들

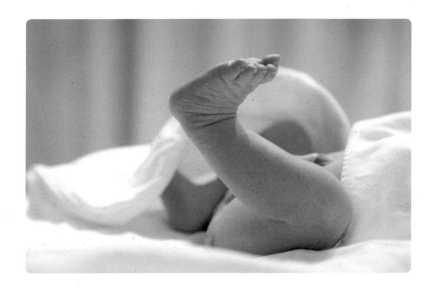

어 자연 분만을 하는 것이 더 나쁜지 생각해 보아야 한다. 사람들은 이상하리만치 제왕절개 수술을 쉽게 생각한다. 다른 모든 수술은 사람 몸에 나쁘다고 하면서 제왕절개만큼은 분만보다 덜 아프니까 그냥 하라고 하는 이상한 논리가 먹혀 들어간다.

　사실 그렇게 걱정이 된다면, 그런 일이 발생하지 않도록 노력을 해야 하는 것인데 말이다. 당장 마라톤을 앞두고 있으면서 마라톤이 힘들까봐 걱정만 하고 훈련은 게을리하는 것과 다르지 않다. 얼마나 어리석은

지 모른다.

이제 늦은 결혼 늦은 임신이 흔한 일

나이 들어 결혼하는 것이 대세가 되어 버린 지금, 나이 들어 임신하는 것은 당연하다. 예전에는 흔한 일이 아니었지만 지금은 흔한 경우가 되었다면 조금 다른 방향으로 접근해야 한다. 나이가 많아 불리한 점, 나이가 많아서 증가할 수 있는 리스크를 줄이기 위해 무엇을 할 수 있을지, 무엇을 해야 하는지를 생각해야 한다.

따라서 가장 기본적인 것부터 챙겨야 한다. 임신을 앞두고 있는 사람들은 본인이 임신부와 다르지 않음을 인정하고 생활 습관 교정을 하고 미리부터 엽산을 먹어야 한다. 적어도 임신 3개월 전부터 시작해야 한다. 술, 담배도 끊어야 한다. 건강한 임신과 출산을 위해서는 모체, 더 직접적으로는 난자가 건강해야 하는데, 그렇게 건강한 난자를 기대하려면 산모의 몸이 건강해지는 수밖에 없다. 건강한 난자가 있어야 별 탈 없는 수정란이 만들어지고 그래야만 건강한 임신이 유지된다. 운동과 식이요법의 병행은 너무나 당연한 일이다. 걱정만 하고 아무것도 하지 않으려는 우리들의 이상한 습관을, 이제는 버려야 한다.

임신 이후에도 일상생활 관리를 철저히 해야 한다. 게을러지지 않게 운동을 하고 매일 체중 관리를 하고, 매일의 식단을 적으면서 반성하고 계획해야 한다. 예전의 농경 사회 시대에는 식습관과 생활 습관 자체에서 저절로 칼로리 조절이 되었다. 그러나 지금은 더 이상 그런 시대가 아니다. 그러므로 철저한 자기 관리를 하지 않으면 금세 칼로리 과잉이 될수 있다. 또 이러한 칼로리 과잉은 결국 영양의 불균형과 직결되고, 이러한 영양의 불균형, 비만 등은 임신과 관련한 모든 합병증들—당뇨, 고혈압, 임신 중독증 등—을 증가시킨다는 사실을 잊어서는 안 된다.

본인 관리에 철저한 만큼 태아를 관찰하는 것도 세심해야 한다. 태아의 발육 상태 등 매우 기본적인 것부터 관심을 가져야 한다. 본인이 먹고있는 것, 생각하는 것, 모든 것들이 태아에게 영향을 미치고 있음을 잊어서는 안 된다. 염색체 이상 유무를 판단하는 검사, 양수 검사나 융모막융모생검 등을 꼭 필수로 할 필요는 없다. 어차피 낳아야 할 아기라면 검사가 크게 의미 없을 것이다. 하지만 준비하는 차원에서는 검사가 꼭 필요할 수도 있다. 적어도 내 아이에 대한 검사를 할 때 왜 해야 하는지 정도는 알고 있어야 하지 않을까?

그리고 제발 운동을 하자. 낳을 수 있을까 걱정만 하면서 정작 생활에서는 아무것도 하지 않은 채 지내지 말고 운동을 해서 조금이라도 몸 상태를 만들면 좋겠다. 제왕절개를 하더라도 운동을 많이 한 사람들은 분명히, 회복이 빠르다.

기형아 검사
꼭 해야 하나요?

어떤 선택이든 존중합니다

기형아라는 것은 형태가 정상이 아닌 아이라는 뜻인데, 그 의미 안에는 염색체 이상에서부터 구조적인 이상까지 매우 다양한 경우가 포함된다.

산과에서 말하는 기형아 검사는 구조적인 이상을 보기 위한 정밀 초음파 검사와 염색체 이상 여부를 조기에 선별하는 혈액 검사—쿼드, 트리플, 통합 검사—와 그리고 염색체 이상 여부를 확진하기 위한 검사—양수 검사, 융모막융모생검—등이 있다.

여러 가지 검사법들

염색체의 수적 이상, 특히 21번 염색체가 3개 있어 전체 염색체의 수가 47개인 다운증후군과 18번 염색체가 세 개 있어 전체 염색체 수가 47개인 에드워드 증후군과 같은 염색체의 수적 이상을 선별하기 위한 혈액 검사는 계속해서 발전을 거듭해 현재는 발견율이 거의 93~96퍼센트에 달하는 통합 검사를 시행하고 있다.

과거에는 AFP라는 단일 혈액 검사로 다운증후군의 가능성을 검사했다가 통합 마커 중 세 가지를 보는 트리플 검사로 진화했고, 이 역시 검사 정확도가 높지 않아 트리플 마커 검사에 inhibin-A라는 것을 더해서 쿼드 검사를 시행했고, 최근에는 쿼드보다 더 정확한 통합 검사를 시행하는 것이다.

통합 검사는 임신 12주경 태아의 목덜미 투명대를 측정하고 그 시기의 PAPP-A라는 특정 성분에 대한 혈액 검사를 시행한 뒤 결과를 내지 않고 기다렸다가 16주경 기존에 시행한 쿼드 검사를 해 총 여섯 가지의 지표에 대한 분석—임신 12주의 목덜미 투명대 +PAPP-a +16주에 시행한 쿼드 검사—을 통해 이상이 있을 가능성이 얼마인지 확인한다.

그렇다면 기형아 검사에서 저위험군이 나왔다고 해서 반드시 우리 아이가 염색체 이상이 없다고 확신할 수 있을까? 그렇지는 않다. 검사 결과지에 보면 염색체 이상이 있을 가능성이 절대 0퍼센트라고 나오지 않고 1:99999 등의 수치로 표현된다.

만약 여기에서 고위험군이 나올 경우 확진을 하기 위한 양수 검사를 하도록 권장하고 있다. 양수 검사는 다들 알다시피 자궁 속에 있는 양수를 바늘로 채취하여 그 안에 있는 태아 세포를 배양한 뒤 직접 염색체를 보는 검사이므로 검사가 아주 잘못되지 않는 한 염색체 이상에 대한 것은 거의 100퍼센트 확실하게 발견할 수 있다. 융모막융모생검의 경우 좀 더 이른 시기에 염색체 이상을 확진하는 검사이다.

일반적으로 산과 교과서에는 전통적인 고령 임신군에 속하는 35세 이상 여성들을 대상으로 염색체 이상 여부를 판별하기 위한 확진 검사 —양수 검사 및 융모막융모생검—를 권장하고 있다. 이에 대한 확률적 혹은 학술적 근거는 양수 검사로 인해 아이가 잘못될 확률보다 다운증후군처럼 염색체 이상이 있는 아이를 임신하게 될 확률이 더 높다는 것이 그 하나이다. 많은 산과 의사들이 이러한 지침에 따라 35세 이상 여성들과 기형아 선별 검사—통합 검사를 비롯한 혈액 검사—에서 고위험군이 나온 산모들을 대상으로 양수 검사 등을 권장하고 있다.

양수 검사와 융모막융모생검 모두 양수와 융모막융모 내의 태아 세포를 채취한 뒤에 태아의 염색체를 배양해서 검사하는 방식이다. 염색체를 1~23번 쌍까지 다 배열해서 그 이상 유무를 판단하는 검사인 것이다. 그러므로 태아 세포가 채취되지 않거나 배양 과정에서의 오류 등으로 검사 자체가 되지 않는 경우를 제외한다면 이론적으로는 100퍼센트 확실하게 염색체 이상 유무를 확인할 수 있다.

양수 검사와 융모막융모생검의 위험도에 관련된 이야기들은 이미 다른 곳에서 많이 언급이 되어 있는 것처럼 감염, 양막 파막, 유산, 출혈 등 많이 있다고 알려져 있으나 실제 검사 후 합병증을 겪는 사람들이 그리 많지는 않다. 여하간 그러한 확진 검사를 하려는 이유가 무엇인지는 좀 확실히 해 둘 필요가 있다.

최근의 새로운 진단법

한편 몇 년 전부터는 모체 혈액 내의 태아 세포 염색체를 이용한 염색체 이상 진단법도 사용되고 있다. 이 검사를 하모니 검사나 니프티 검사라고 한다. 이 검사는 엄마의 혈액 내에 있는 태아의 cell free DNA를 찾아 내서 21번, 18번, 13번 염색체의 이상 유무를 보는 검사이다.

최근에는 국내에서도 검사를 할 수 있는 곳이 생겼다. 실제 일반적으로 행해지고 있는 혈액 검사의 타깃이 위의 세 가지 염색체 질환이며 이들 혈액 검사의 특성상 100퍼센트 확실하지 않은 것과 비교해 보면 태아 세포를 이용한 검사는 적어도 위의 세 가지 염색체 질환에 대해서는 월등한 정확도를 가지고 있다고 볼 수 있다.

다만 모체 혈액 내의 cell free DNA가 정말 현재 임신하고 있는 태아의 것인지 확실하지 않을 수 있어, 다시 말해 만약 그 전 임신 때 모체로 유입된 그 전 태아의 cell free DNA가 남아 있을 수 있는 가능성도 완전히 배제할 수 없으므로, 이 검사에서 이상이 있다고 나올 경우에도 여전히 확진 검사를 할 필요성은 있다고 볼 수 있다.

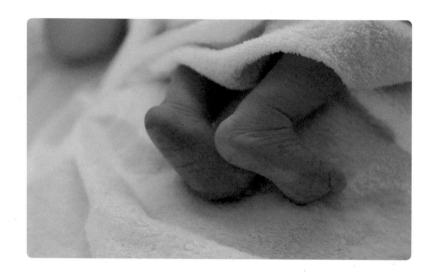

그렇다고 하더라도 이렇게 정확한 검사라면 굳이 부정확한 혈액 검사를 하는 것이 의미가 없고 모든 산모들에게 일률적으로 이 검사를 적용하는 것이 좋을지도 모르겠지만, 임상적으로 모든 산모들에게 적용하기에는 검사 비용이 매우 비싸기도 하고(40만 원~120만 원 정도) 대부분의 정상적인 산모를 대상으로 굳이 이러한 고가의 검사를 하는 것이 과연 경제적인지는 좀 생각해 볼 문제이다.

- 혈액 검사: 값이 싸고 모든 사람들에게 적용할 수 있지만 태아의 염색체를 직접 검사하지 않으므로 검사의 부정확함이 있을 수 있음 (진단을 놓치거나 혹은 정상인데 비정상이라고 나올 수 있음).
- 양수 검사나 융모막융모생검: 값이 비싸고 약간의 위험도가 따르긴 하지만 태아의 염색체를 1~23번 쌍까지 모두 보는 검사로 거의 100퍼센트 가까운 정확도로 진단이 가능함(비정상이면 확실히 비정상이라고 하고, 정상이면 확실히 정상이라고 하는 것).
- cell free DNA 검사: 모체 혈액 내의 태아 cell free DNA를 채취하여 하는 검사로, 21번, 18번, 13번 염색체 질환에 대해서 거의 100퍼센트 가까운 진단율을 보이지만, 값이 매우 비싸서 임상적으로 모든 산모들에게 적용하기에는 무리가 있음. 또한 세 가지 염색체 질환 이외의 질환에 대한 진단이 어렵다는 단점이 있음.

그래서 이래도 불안하고 저래도 불안한 기형아 검사라는 것을 혈액으로 검사하고 난 뒤 추가 검진이 필요하여 양수 검사 등으로 정말 내 뱃속에 있는 아이가 염색체 이상이라는 것이 확진된다면 어떻게 할 것인가?

염색체 이상이라면?

문제는 여기에서부터다. 아무도 답을 모른다는 것이다.

아직도 산모들 중에는 "염색체 이상이 있어도 낳아야 해요?" 다시 말해 "합법적인 낙태가 가능한 거 아니에요?"라고 묻는 사람이 있을 정도로 기형아를 임신했다면 당연히 임신을 유지할 필요가 없다고 생각하는 사람들이 많이 있다. 종교적으로 신념이 강한 사람들조차 그런 검사 결과 앞에서는 작아질 수밖에 없다. 기형아 검사에 관해서는 그러므로 답을 알기 어려운 것 같다.

내가 키워 줄 것도 아니고, 국가의 기반이 튼튼해서 염색체 이상이 있는 아이들이 자라는 동안 편안하게 해 줄 것도 아닌 우리나라에서 어떤 선택을 하는 것이 도덕적으로 옳은 것인지 혹은 의료적으로 옳은 것인지 아무도 알 수 없는 것이다.

나 자신도 만약 내가 지금 마흔이 넘은 나이에 임신을 해서 기형아 검사를 해야 한다고 하면 어떻게 해야 할지 답을 할 수 없다. 내 남편에게 같은 질문을 해 봤더니 대답은 이랬다.

"내가 애를 안 키워 봤으면 모르겠는데, 난 그냥 검사 안 하고 낳을 것 같아." 그리고는 말미에 이렇게 덧붙였다. "근데 돈이 얼마나 들까? 그리고 많이 힘들겠지?"

아이를 키워 본 부모들은 키워 봤으니 이런 걱정을 하고, 키워 보지 않은 초보 부모들은 처음이라서 또 무섭고 걱정이 많을 것이다.

산과 의사로 지내면서 1년 동안 300명 이상 출산을 받는 의사들은 보통 2년마다 1~2명씩은 염색체 이상이 있는 아이들의 출산을 경험하게 된다. 그리고 그 사람들 중 대부분은 35세 미만이고, 기형아 검사와 정밀 초음파 상에서 아무 이상이 없었다고 했던 사람들이다. 예상치 못하고 다운증후군 아이를 출산하게 되는 산모들이 여전히 있다는 뜻이다. 어차피 막을 수 없는 이런 문제들, 의료가 근본적으로 가지고 있는 불확실성에 대해서 아무도 책임져 줄 수 없고, 이런 아이들도 당연히 태어날 권리가 있다면, 장애를 가지고 태어난 아이들을 더 편하게 양육할 수 있도록 제도적인 기반을 마련하는 것이 더 중요한 것 아닐까?

기형아 검사 전의 마음가짐부터

기형아 검사를 하기 전, 우선 산모와 남편은 내가 과연 어떻게 할 것인가에 대한 결정을 해야 할 것 같다. 우리 가족은 염색체 이상 유무와 상관없이 출산을 잘할 계획이라면 기형아 검사라는 것은 의미가 전혀 없을 수 있다. 반면 우리 가족이 염색체 이상은커녕 조금의 형태상의 이상도 받아들일 준비가 되어 있지 않다면 검사에 검사를 거듭하더라도 정확한 검사를 하는 것이 중요할 수 있다.

부정확하다고 하더라도 저위험군이라는 결과를 얻으면 마음이 편할 것이므로 해도 좋고, 어차피 정상일 것이므로 결과를 보지 않더라도 내 마음이 편할 수 있다면 안 하는 것도 괜찮으며, 정상이 아니라고 하더라도 출산을 해야 한다는 사실에는 변화가 없으므로 굳이 할 필요성이 없다고 느낄 수도 있는 것이다. 어떠한 선택을 할지는 전적으로 의료 소비자가 판단해야 할 몫이다.

어떠한 선택도 나의 가정이 아닌 당사자 가정에 맞는 합당한 결론이므로, 의사인 나는 그 산모들의 결정을 존중한다. 그래서 기형아 검사를 안 하는 가정에게는 그 용기에 박수를 보내는 것이고, 기형아 검사를 좀 더 자세히 하고자 하는 가정에는 좀 더 빨리 검사 결과를 알 수 있는 병원을 알아봐 주는 것이 내가 할 몫인 것 같다.

그러므로 "기형아 검사 꼭 해야 하나요?"에 대한 답은, "원하시면 하세요"이며, "그럼 어떤 검사를 해야 할까요?"에 대한 답은, "산모가 어떤 검사를 원하시는가에 따라 다를 수 있습니다"이다.

나는 개인적으로는 굳이 이런 혈액 검사나 침습적인 검사를 하지 않더라도 대부분 건강하고 염색체 이상이 없는 아이들이 유산되지 않고 생존을 하고, 설령 염색체 이상이 있다고 하더라도 조기 진단이 치료 방향을 바꾸거나 뱃속에서 치료를 가능하게 해 주는 것도 아니므로 검사가 크게 의미 있다고 생각하진 않는다.

다만 알고 있다면 도움이 될 것임은 분명하다.

태교, 아이와 평생 대화의 시작

아이는 생긴 순간 엄마와 교감한다

우리나라에는 세계 최초의 태교법 책이 있다. 조선시대인 1800년에 기록되어 전해 오는 『태교신기(胎敎新記)』가 바로 그것이다. 『태교신기』는 뱃속에서부터 본래 가진 성품과 성질이 있어서 태아를 가르치는 태교가 필요하다는 내용을 담고 있다.

이처럼 예나 지금이나 동양에서는 산모들의 태교를 꽤 중요하게 생각해 왔다. 동양에서는 엄마 뱃속에 있었던 10개월을 나이로 셈하여 아이가 태어나면 1살이 되고, 서양은 세상에 태어나고 나서야 나이의 의미를 부여하기 때문에 태어나면 0살이다.

아기를 품는 그 순간에 이미 아기는 오감을 가지고 엄마와 교감

하기 시작한다. 태교의 기본은 건강한 산모의 말과 행동이다. 사람마다 태교의 방법은 다를 수 있다. 클래식 음악이 태교에 좋다고 해서 전에는 클래식 음악 근처에도 가기 싫어했던 산모가 억지로 클래식 음악을 듣는 것이 올바른 태교는 아니다. 산모 스스로 편하고 행복한 마음과 행동이 가장 좋은 태교임을 염두에 두고, 본인에게 가장 알맞은 방법을 찾아야 한다.

가장 좋은 태교는 태담

엄마가 뱃속 아이와 이야기를 나누는 태담은 가장 쉬운 방법이자 좋은 태교 방법이다. 사실 자궁 속은 대단히 시끄럽다고 한다. 태아에게 전달되는 대표적인 소리로는 엄마의 심박동 소리가 있다. 24시간 쉬지 않고 쿵덕거리는 엄마의 심장 박동이 그대로 태아에게 전달되는 것이다. 또 태아는 엄마의 복강 내에 있으면서 장의 운동 소리 등을 지속적으로 들으면서 성장한다. 또 어떤 때는 태교를 위해 들려주는 음악 소리도 있다.

하지만 이러한 소음들이 태아에게 그대로 전해지는 것은 아니고 양수를 통해서 전달되기 때문에 다소 약화되어 들린다. 이러한 외부의 소리 외에도 태아 자신의 심장 박동 소리, 태동할 때 들리는 소리 등도 모두 듣는다고 하니 어떻게 보면 태아는 꽤 오랫동안 시끄러운 환경에 노출

되고 있는 것이다.

태아의 청각이 발달하기 시작하면서 자궁 안에서 아기는 소리에 반응하게 된다. 태아가 자궁 내에서 들었던 소리 중에서 가장 우세한 소리는 엄마의 목소리이고, 그 다음이 엄마의 심장 박동 소리이다. 태아가 가장 직접적으로 듣는 소리인 엄마의 목소리는 태아에게 어떠한 영향을 줄까?

미국의 저명한 대학 교수가 신생아 뇌 기능의 조직화와 임산부 목소리의 역할에 대해 연구한 바에 의하면 임신 중 엄마의 목소리는 자궁 내에서 측정되는 다양한 음향 중에서 가장 우세한 소리이고, 태아의 뇌를 꾸준히 자극해 뇌 기능의 조직화에 기여한다는 것이다. 바로 엄마의 다정한 목소리가 태아의 뇌 발달에 영향을 주는 정말 좋은 태교임을 증명하는 것이다.

음성은 태아의 청력계 발달에도 영향을 주며 성장하는 동안 사회성 및 정서적인 발달에도 영향을 미친다. 태아에 대한 적절한 소리 자극은 태아의 뇌 조직 발육에 필수 요소인 포도당과 산소를 더 많이 제공하는 역할을 하기도 한다. 결국 '엄마의 음성'이라는 음향 자극이 태아의 뇌 발달에 영향을 주고, 청력계 발달에도 도움을 준다는 것이다.

그러니 자궁 속 태아와 도란도란 끊임없이 대화를 나누는 것이 태교의 시작이자 으뜸이라고 할 수 있다. 미리 애칭이나 태명을 정해 놓고 아기의 이름을 부르며 정다운 대화를 나누는 것으로 태교를 시작하면 좋을 것이다.

더러 가지 태교

음악을 들려주는 음악 태교도 좋다. 음악은 태아에게 익숙한 엄마의 맥박 수에 맞춰 1분에 60~70박 정도의 빠르기인 음악을 추천한다. 다양한 음색의 악기 연주를 들려주고, 소리는 잔잔하게 한다.

음식 태교도 있다. 음식 태교라고 굳이 보양 음식을 섭취하기보다는 영양이 풍부한 식품으로 평상시 균형 잡힌 영양 식사를 하길 권한다.

지금 아기에게 들려줄 음악이 엄마가 듣고 있는 음악이고 지금 아이 밥상에 놓인 반찬이 지금 엄마가 먹고 있는 반찬이라는 사실을 잊어서는 안 된다.

아빠도 마찬가지이다. 책 한 글자라도 더 읽어 주고 밥 한 숟가락이라도 더 떠먹여 준 아빠가 당연히 아이와의 유대 관계가 좋을 것이다. 출산 이전부터 시작된 태교는 평생 육아의 밑거름이 된다. 좋은 음악, 낮은 목소리로 읽어 주는 동화책, 건강한 여행, 모든 면에서 아기는 함께 보고, 듣고, 느끼면서 엄마와 함께 성장하는 것이다.

3부 _ 두려움 없는 부부 출산을 위하여

초인적인 힘을 발휘하여, 온 힘으로 부모가 된다는 것,
아이를 만드는 것이 아니라 부모를 만들어 내는 과정이 바로 자연 출산이다.

우리,
잘 낳을 수
있어요

4부_
우리들의 특별한 만남-내가 만난 아가들

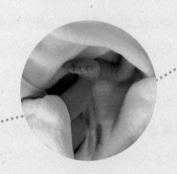

이게 바로 순산이다

그냥 모든 것을 다 받아들이는 것

하늘이가 태어났다.

4일이 넘게 걸려 하늘이를 자연 출산했다. 누가 봐도 이건 자연주의 출산이라고 자신 있게 말할 수 있다. 우리 나이로 마흔넷인 초산모 하늘이 엄마는 하늘이 모든 것을 도와줄 것이라고 생각했다. 하늘이는 온 우주가 돕고, 온 하늘이 도와 세상의 빛을 보았다. 바깥의 온갖 악조건들에 아랑곳하지 않고, 주어진 조건에서 최선을 다해 머리를 돌리고 돌리고, 호흡을 하고, 발차기를 하며 어렵사리 세상 빛을 보았다. 어른들은 주어진 조건을 놓고 이 말 저 말을 하지만, 뱃속의 하늘이는 그 어떤 것도 상관없다는 듯 그냥 모든 것을 다 받아들여, 순진하게, 아무 때도 묻지 않은 그 상태 그대로, 아무 계산 없이, 아무 불평도 없이, 자연주의 출산을 엄마에게 선물했다.

첫 임신과 출산이 마흔네 살에 이루어진다는 것

많은 사람들이 노산(老産)의 위험을 운운하지만 어찌 보면 온전히 부모가 될 준비가 끝난 상태에서 아이를 맞는 것이야말로 가장 자연스러운 일인지도 모른다. 아직 내 한 몸에 대한 욕심을 버리지 못하고 살아가는 지금의 우리에게 엄마가 될 준비는 이렇게 오랜 시간이 걸려서야 가능한 것인지도 모른다.

하늘이 엄마는 그렇게 모든 준비가 온전히 되었을 때 하늘이를 뱃속에 품었고, 최선을 다해 하늘이를 맞이할 준비를 했다. 평생 처음 12킬로미터를 걸어 보고, 평생 처음 죽기 살기로 계단 오르기를 했다. 밥 한 숟가락 뜰 때도 하늘이를 생각했고, 말 한마디를 뱉을 때도 하늘이만 생각했다.

그렇게 온 힘을 다해, 초인적인 힘을 발휘하여 그녀는 4일 만에 하늘이를 자신의 배 위에 올려놓을 수 있었다. 엄마의 부족한 부분을 충분히 고려하여 하늘이는 최선을 다해 그 터널을 통과했다. '너무 너무 너무, 정말 정말, 아주 많이'라는 말로는 다 표현할 수 없을 엄마의 노력을 하늘이는 누구보다 잘 알고 감사하며 그렇게 통과하여 세상의 빛을 보았다. 첫 울음, 첫 발짓, 모든 것이 힘차고, 생기 있었고, 아름다웠던 하늘이가 그렇게 세상의 빛을 보았다.

이게 바로 자연주의 출산이다.

온 힘으로 부모가 된다는 것

우리는 자연주의 출산의 이미지를 너무 좁게 생각하고 있다. 유튜브 동영상에 나온 예쁜 서양 언니들이 물 속에서 우아하게 피 한 방울 안 나오게 소리 하나 안 내고 출산하는 것을 '자연주의 출산'이라고 부른다.

아이가 배 위에 얹어져 있고 태반이 예쁘게 옆에 놓여 있는 그림 같은 출산만 '자연주의 출산'이라고 생각한다. 회음부 절개는 절대 하지 않아야 하고 어떠한 약물의 도움도 받아서는 안 되고 의료진은 산모에게 손대서는 안 되는 것이 '자연주의 출산'이라고 생각한다. 죽을 고생을 하고, 몇 날 며칠을 걸려 어렵게 아기를 낳는 것은 '자연 출산'의 품위와 걸맞지 않는다고 생각한다.

그러나 나는 이곳 나의 병원에서, 이 현장에서, 엄마들과 몇 날 며칠을 보내고, 몇 년을 함께 보내면서, 그 모든 이미지가 어쩌면 허상일지도 모르겠다는 생각을 한다. 사진과 현실이 다를 수밖에 없음을, 그 안의 주인공들의 미소 속에 어떠한 과정이 들어 있는지를 알고 나면 '자연 출산'을 그렇게 쉽게 말하거나, 쉽게 생각할 수 없음을 나는 이곳에서 매 순간 보고 있다.

아름답지 않다고 해서 '자연 출산'이 아니라고 하면 안 된다. 사진과 다르다고 '자연 출산'이 아니라고 하면 안 된다. 그곳, 그 현장을 옆에서 지켰다면 그런 말을 할 수 없다. 그런 말이 나오지 않는다.

우리, 잘 낳을 수 있어요

'자연 출산'을 책으로만 배우고, 현장의 조용한 치열함을 보지 못한 사람들은 절대 알 수 없다. 함부로 아니라고 말하면 안 된다. 사진과 다르다고 속았다고 말하면 안 된다. 사진에 속은 것은 바로 사진을 보고 있는 그 사람들 자신이다.

2일간의 기다림을 끝내고 촉진제를 쓰고, 기대만큼 열리지 않고, 더 이상의 기다림이 어른들에게 불가능해졌을 때, 우리는 최선을 다해, 지금 이 상황에서 할 수 있는 것을 했다. 더 하기에는 무리인 것이 분명할 때 그 시간을 끝내 주는 것, 그리고 조금이라도 에너지가 남았을 때 새롭게 아이를 볼 수 있게 해 주는 것도 우리들에게는 충분히 아름답다. 그래서 회음부 절개를 하여 간신히 아기를 만났을 때 말이다. 우리는 그 순간이 자연 출산의 정신을 훼손하였다고 말하지 않는다. 자연 출산은 추상적인 이미지가 아니라 실제이기 때문이다.

초인적인 힘을 발휘하여, 온 힘으로 부모가 된다는 것…… 아이를 만드는 것이 아니라 부모를 만들어 내는 과정이 바로 자연 출산이다. 겉은 거칠어도 속은 말랑말랑한, 그 모든 과정이 우리에게는 자연 출산임을, 그날 우리 모두 다시 가슴 벅차게 느꼈다.

우리는 아무것도 하지 않았다

그저 조용히 지켜보았을 뿐

언제부터였을까? 나를 찾아오는 외국인 산모들 중에는 히잡을 쓴 이들도 있다.

아주 오래전, 그러니까 10년도 더 된 것 같다. 우연히 터키 여자 한 분이 찾아 왔었고 그때부터 히잡을 쓴 여인들이 가끔 나를 찾아왔다. 그 사이 나는 두 번의 개원을 하면서 자리를 이곳까지 옮겨 왔는데도 그들은 꾸준히 나를 찾아와 주었다.

히잡을 쓴 아이샤와 그녀의 둘라는 등장부터 남달랐다. 둘라 선생님은 요가복에 근육질의 몸매를 지닌 파란 눈의 금발 여성이었다. 지금도 나는 그녀의 둘라 선생님 이름조차 알지 못한다. 그들 둘은 우리 병원의 그 방을 아주 오래전부터 잘 알고 있었던 것처럼 그렇게 유유히 공간을 찾고 요가 매트리스를 깔고 엎드렸다.

둘은 서로를 마주 보고 엎드려 마치 사자 두 마리가 사막에서 서로 사랑을 하는 것처럼 부드럽게 같은 리듬으로 몸을 흔들기 시작했다. 두 눈을 마주 보고 엎드린 채 그 둘은 춤을 추었다. 공간이 그들 춤에서 시작된 파동으로 일렁거리는 것 같았다. 요가 매트 밖의 공간과 그 안의 공간은 마치 서로 다른 세상인 것 같았다. 누구도 소리를 내지 않았다. 간간히 들려오는 산모의 낮은 신음 소리와 둘라의 속삭임만이 적막함을 깼다.

몇 번은 큰 신음 소리가 들렸다. 그 뒤로 까만 머리카락이 보였다. 남편은 아내 옆에서 숨 죽인 채 그녀를 향해 기도를 했다. 조산사도, 의사인 나도 모두 그녀의 신성한 출산에 범접할 수 없었다.

우리는 놀란 눈으로 이 멋진 광경을, 아이가 양막에 완전히 싸인 채로 온전히 나온 모습을, 그저 조용히 지켜볼 뿐이었다. 아이는 울지 않았고, 눈을 뜬 채, 명료한 눈빛으로 주변을 탐색했다.

심박 수, 호흡 수, 모든 것이 완벽했다. 피 한 방울 나지 않은 완벽한 그들의 자연 출산의 순간에 나는 그저 옆에 있기만 할 뿐 아무것도 하지 않았다. 할 수 없었다. 할 필요가 없었다.

그녀들, 산모와 파란 눈의 둘라 사이의 완벽한 교감. 여자들만이 알 수 있는 그 무언가를 조금 알 것 같은 것. 말로 표현할 수 없는 이 경이로움……

이 어마어마한 자연 현상 앞에서 그저 나는 놀랄 뿐이었다. 자연스러움, 본능적인 것…… 그대로를 받아들이는 그녀들 앞에 머리가 숙여질 따름이었다.

보노보노,
엉덩이로 세상을 맞다

총알처럼 나온답니다

내가 둔위 아기를 분만하기 시작한 게 언제부터였더라?

2005년이었나 모르겠다. 내가 근무하고 있던 대학병원에도 엉덩이부터 나오는 아기가 있긴 했다. 그때는 의도해서 그런 것이 아니라 둔위 제왕절개를 예정하고 있던 산모였다. 그런데 진통이 갑자기 진행되면서 병원에 도착했을 때 이미 자궁문은 다 열렸고 몸통까지 빠져나온 상태였다.

정확히는 기억나지 않지만 몸통까지 다 빠져나온 아기를 두고, 그 옆에서 나는 "목이 걸려도 내 책임 아닙니다. 왜 이렇게 늦게 왔어요. 이러다 아기 죽으면 어떻게 하려고 그러십니까?" 등의 심한 말을 내뱉었던 것 같다. 지금 생각하면 참으로 무섭고 끔찍한 말이다.

그런데 그때 연륜 많은 교수님이 나타나서는 한마디 하셨다.

"아, 그냥 받아요. 둔위가 빨라. 빨리 나오지. 옛날에는 그냥 받았는데 뭐……"

그리고는 정말 총알처럼 아기가 튀어나왔다.

얼결에 둔위를 받은 나는 어색함, 무안함, 당황스러움의 감정이 복합되어 그저 입만 벌리고 있었다. 그러자 잠시 뒤 교수님께서는 "아, 잘했어요. 뭘, 이렇게도 하는 거지, 잘했네" 하셨다.

그때 회음 절개를 할 시간이 있었는지 없었는지조차 기억이 나지 않는다. 하여튼 아기는 무척 건강했고 산모는 야단 맞던 중에 아기가 나와 버려 나만큼이나 당황했을 것이다.

의도치 않게 둔위를 받고 거의 10년이 훌쩍 지난 지금, 본의 아니게 나는 둔위를 많이 받는 의사가 되어 버렸다. 얼마 전 natural childbirth 모임에 갔을 때 모 대학병원 교수님께서 "브이백은 내가 할 테니 둔위는 박 원장님이 하세요"라고 말씀하실 정도로 말이다.

분명 산과 교과서에는 둔위 비율이 3퍼센트라고 나와 있는데, 내가 체감하는 둔위 비율은 그 두 배는 되는 것 같다.

우리 병원에서는 둔위일 경우, 양수가 충분하고 태아가 돌 공간이 있다고 판단되면 둔위 회전을 시도해 보고, 그래도 안 될 경우에는 둔위 출산을 시도한다. 물론 산모가 원할 경우에 말이다.

장난꾸러기 보노보노

보노보노도 그랬다. 보노보노가 둔위로 확인된 것은 32주 이후였던 것 같다. 그때 보노보노의 엄마는 기르던 강아지를 잃고 너무나 슬퍼하던 중이었는데 갑자기 보노보노가 꿈틀거리더니 둔위가 되더라는 것이다. 그리고 36주가 되어 확인해 보니 여전히 둔위였다.

37주 4일이 되어 둔위 회전을 시도했으나 실패했다. 양수는 충분했지만 돌아가지 않았다. 90도쯤 돌다 제자리로 가기를 서너 번. 나는 보노보노에게 무척 미안했고 산모에게도 미안했다. 그리고 마음을 다잡고 그냥 출산을 하자고 산모와 상의했다.

5주 만에 당직에서 벗어나 황금 같은 일요일을 보내고 있었는데 보노보노가 왔다는 소식이 왔다. 서울대공원의 동물 구경을 그만두고 우리 아이들은 친정으로 보내 놓고 탄생의 집으로 달려왔다. 둔위 3센티미터 진행이면 바로 있는 아기로는 6~7센티미터 열린 것이나 마찬가지로 봐야 한다. 또 둔위 아기들은 엉덩이가 작아 더 빨리 빠져나오기 때문에 마음이 무척 급했다.

그러나 보노보노는 달랐다. 7시, 9시, 11시, 1시…… 무척 천천히 진행되었다. 진통이 자주 오다가 느려지다가를 반복하고 걸려 있는 것 같은 느낌이다가도 진통이 오면 쑥 내려오고를 반복했다. 자궁 경부가 6센티미터 이상 개대된 시점이 밤 9시였는데, 출산은 자정을 넘긴 1시 40분이

다 되어 이루어졌다. 덕분에 조산사 선생님은 그 방을 거의 지키다시피 했고, 둘라 선생님도 마찬가지였다.

나는 수시로 들락날락하면서 어디만큼 왔는지를 확인해야 했다. 그리고 역시 발바닥이 보이고 나서는 순식간에 진행이 되었다. 전신이 다 나오고 나서 우리는 보노보노가 왜 안 돌았는지를 알게 되었다. 탯줄이 매우 짧은 상태에서 한 바퀴를 목에 감고 있었기에 도저히 움직일 수 없었던 것 같다.

'이궁, 장난꾸러기 녀석······ 그래서 마지막에 내려오는 속도가 더디고, 엉덩이가 내려오기 시작할 때 쉬어 왔던 거구나.'

보노보노의 출산은 그렇게 행복하게 마무리되었다.

무조건 수술하라고요?

내가 얼떨결에 처음 둔위를 받을 때 옆에 계셨던 교수님은 그런 말씀을 하셨다.

"앞으로는 절대 둔위 받지 마. 우리나라는 안 돼. 저렇게 빨리 진행되니까 미리 수술 잡는 거잖아. 무조건 38주에 수술해야 해. 잘못 하면 감옥 가요, 감옥."

그리고 10년이 넘는 시간이 지났다. 그 사이에 산과 교과서는 두 번의 교정이 있었고, 여전히 대한민국에서 둔위 낳기는 의사나 산모 모두에게 큰 용기를 필요로 하는 일임에는 변함이 없다. 교과서는 둔위 분만의 장점과 둔위 제왕절개의 단점을 설명하며 산모가 원하는 대로 할 것을 권장하고 있지만, 현실의 벽은 여전히 높기만 하다.

그 벽을 허물기에는 의사와 환자간의 신뢰가 무너진 지 오래고, 너무 견고한 것 같다. 조금이라도 잘못되면 의사들을 향해 총을 겨눌 준비가 되어 있는 환자들과 점점 더 두꺼운 방패를 들고 나타나는 의사들의 괴리는 좀처럼 좁혀지지 않는 것이다.

우리라도 더 잘해 보고자 하는 마음이 언제까지 지속될지 모르겠다. 그리고 이렇게 잘 진행된 둔위 분만을 볼 때마다 나는 우리나라 의료 현실에 대한 암담한 생각에 마음 한구석이 아프기도 하다.

낮은 분만 수가의 악순환

그냥 낳고 싶다는 산모와 이를 말리는 의사, 수술을 원하는 산모와 이를 말리는 의사, 둘 사이에 무슨 차이가 있는 것일까?

더욱이 우리나라 둔위 분만의 의료 보험 수가는 형편없다. 적어도 우리 병원에서 둔위 출산을 해 본 사람들은 얼마나 많은 사람들이 본인들의 출산에 참여했는지 알 것이다.

그 분만 수가를 의료 인력의 머릿수로 나누면 진짜 동네 알바 수준의 비용도 안 나온다는 것을 아는가? 아무리 저수가 정책으로 우리나라 보험제도가 유지되고 있다고는 하지만, 아기를 낳는 것에 대한 가치를 이만큼밖에 인정해 주지 않는 것은 정말 이해가 되지 않는다. 보건 당국은 분만 현장을 본 적이나 있는 것인지 의문스럽기만 하다.

보노보노의 출산 때도 사람들이 우글우글 많았는데, 그 많은 사람들의 인건비가 그렇게 조금밖에 안 되면, 도대체 애를 어디서 낳으라는 것인가? 의료 배상의 문제를 떠나서, 반려견 분만비보다 못한 산부인과의 저수가 정책은 시급히 시정되어야 한다.

그렇잖아도 분만 인프라가 붕괴되고 있고, 영리법인 도입 등의 흉흉한 소문이 의료계를 둘러싸고 있는 시점에, 언제까지 원가 이하의 분만 수가를 환자들의 비급여 비용으로 충당하게 할 것인지 진짜 심각하게 고민해 보아야 한다.

결국 낮은 분만 수가를 환자들이 내는 비급여 비용으로 충당해서 돌아가는 악순환의 구조 아닌가?

보건당국에 계신 분들, 제발 한 달만이라도 산과병원이 어떻게 돌아가는지 와서 봐 주시면 어떨까요?

나무가 태어났다

경험하지 않으면 도저히 알 수 없는 감동

둔위 아기들은 특별하다. 일찍부터 양수가 적거나, 일찍부터 발육 지연이 있거나 해서, 임신 중반기부터 일찌감치 둔위로 자리를 잡은 경우가 대부분이다. 그리고 이상하리만치 엄마들의 골반이 좁은 경우가 많다. 또 조기 진통도 자주 있기에 만삭 유지가 안 되는 경우도 있다.

그러다 보니 둔위 아기를 임신하고 있는 엄마들은 어느 순간부터는 그저 잘 자라만 주었으면, 양수가 조금만 더 많아졌으면 하는 바람만을 갖게 된다.

아기를 위해 어떤 물건을 산다든지, 안전하고 평화로운 출산에 대한 기대를 하는 것은 둔위 아기의 부모들에게는 사치일지도 모른다.

그냥 수술할 뻔

나무네가 둔위 진단을 받은 것이 언제였는지 나는 정확히 모르겠다. 어쨌든 내 기억 속에서 나무는 단 한번도 둔위가 아닌 적이 없었다. 그리고 28주 이후 꾸준히 양수가 적었던 것으로 기억된다. 그리고 계속 주 수보다 약간 작은 사이즈를 고수했다. 밤에 배가 아파 병원을 왔다 갔다 하기를 몇 번 했고, 그때마다 다행히도 수축이 없어 걱정 없이 돌아가기도 했다.

그러다 34주 즈음 여느 때와 다른 통증으로 다시 방문했을 때 자궁경관은 이미 열려 있었고, 자궁은 3분 간격으로 규칙적으로 수축하고 있었다.

'이건 진짜 조산기(早産氣)구나. 어쩌면 나무네와 나와의 인연은 여기까지인지도 모르겠다' 싶었다. 나무네가 우리 병원에 오기 전까지 다니던 병원에 연락을 했고, 그쪽 당직 선생님과 통화를 해서 산모를 이송하기로 했다.

"산모가 하루라도 더 끌고 싶어 해서, 혹시 자궁 수축 억제제 쓰면 안 될까요, 선생님?"

그날 그쪽 병원 당직 선생님은 나의 선배였다.

"34주잖아. 그냥 진행되면 수술할 생각인데?"

'아, 그렇구나. 이건 교과서에 나온 말 그대로지? 34주에 진행되는 조산기는 그냥 낳으면 되는 건데 왜 이렇게 매달리고 있는 건가.……'

그럼에도 나는 은근히 아쉬워서 중환자실 자리가 있다던 다른 병원

당직 선생님께도 전화를 걸었다.

"선생님, 산모가 자연 분만을 원해서요. 며칠만 끌다가 저희 병원으로 다시 보내 주시면 안 될까요? 거기도 꼭 수술하나요?"

'이건 무슨 상황인가? 우리 병원 말고 둔위를 분만하는 곳이 또 어디 있다고.'

"네, 선생님. 34주니까 진행되면 그냥 낳고요. 일단 산모에게 우리 병원은 절대로 둔위 분만 안 한다고 알려주시고 출발하세요."

"나무 엄마. 수술해야 할지도 몰라요. 미안해서 어쩌죠? 해 줄 수 있는 게 없네요."

나무 엄마는 정말 아기처럼 펑펑, 엉엉, 흐엉흐엉 울었다.

일단 진행되자 순식간

그런데 며칠 뒤 '짜잔' 하고 나무 엄마가 외래에 나타났을 때, 아니 진료 대기 명단에 떴을 때 나는 정말이지 너무나 반가웠다.

강렬한 열망은 몸이 그렇게 될 수 있도록 만들어 준다더니, 나무네가 그랬나 보다. 계속 양수도 적고, 몸집도 작았던 나무.

나는 '제발 38주만 넘어 주렴, 제발 2.5킬로그램만 넘어 주렴' 했었다. 그리고 2.9킬로그램이 넘어, 또 38주가 넘어 나무가 태어났다. 총알처럼 말이다. 나무 엄마의 골반은 정말 너무너무 좁았다. 너무 좁아서 아기의

머리가 들어갈 공간이 되지 않았던 것인지도 모른다.

그러나 그게 다 무슨 소용이란 말인가? 나무는 일단 진행이 되기 시작하니 남들이 절대로 따라올 수 없는 속도로 쑥 내려왔다. 급기야 나무 엄마는 당장 수술해 주지 않으면 다른 병원으로 가겠다고까지 했다. 그러나 나무는 그러는 와중에 순식간에 태어났다. 골반이 좁아 산도 주변 혈관이 터지는 바람에 고생을 좀 했지만, 그래도 나무의 탄생은 감동적이었다.

자연주의 출산을 결심한 이들은 남들이 무서워서 쉽게 하지 못하는 일들도 아기를 위하는 길이라고 생각하면 기꺼이 할 수 있는 용기를 지닌 사람들이다. 여리고 눈물 많은 나무 엄마가 이렇게 둔위 출산을 결심하리라고 나는 생각하지 못했다.

그런데 그 겁 많고 예민했던 태도가 나무를 사랑하는 마음에서 나왔던 것임을 나는 나무를 출산하고 나서야 알았다. 회음부가 불편해서 잘 앉지도 못하면서 그렇게 웃어 주는 나무 엄마가 고마웠다. 그리고 회음부 처치를 하는데, 그 옆에서 손 꼭 잡고 안절부절 못하던 나무 아빠, 끝까지 우리를 믿어 주어 고맙다.

"누구보다 나무, 너 정말 애썼다. 알고 보니 엄마 골반이 작아서 그랬던 것을 말이야, 나는 정말 몰랐지 뭐니. 너 참 똑똑하다."

자연주의 출산의 감동은 경험하지 않고서는 알 수 없다. 여성의 권리를 찾고자 함이 아니다. 부모가 줄 수 있는 최고의 선물이며 도리인지도 모른다.

쌍둥이 건이와 강이

옛날에도 쌍둥이는 그냥 낳았다

　2015년 5월, 그 해 세 번째 쌍둥이 출산이었고 우리 병원으로는 네 번째 쌍둥이 출산이었다. 건이와 강이.

　건이와 강이는 자연 발생 쌍태아였고, 처음 초음파를 봤을 때 확실히 이란성 쌍태아라는 것을 확인했다. 일란성 쌍태아의 경우 만삭 임신까지 유지가 어려운 경우가 많다. 아이들이 태반을 같이 사용할 수도 있고 아예 같은 양막 안에 두 아이가 함께 있다가 한 아기가 잘못 되기도 한다. 혹은 더 잘 자라는 아기가 못 자라는 아기의 혈액을 몽땅 가져다 써 버리는 쌍태아간 수혈증후군 등이 생길 수도 있다. 그래서 의사 입장에서는 일란성 쌍태아보다는 이란성 쌍태아를 일단 더 '수월하다'고 생각하게 된다.

엄마도 아기도 힘든 쌍둥이

　엄마 입장에서는 태반이 두 개이고 아기도 두 명이므로 한명을 임신

했을 때보다는 조금 더 격한 임신 반응을 보인다. 임신 기간 전반에 걸쳐 모두 다 그렇다고 보면 된다. 입덧도 두 배, 배도 두 배로 나오고, 태반 호르몬이 많이 나와서 당뇨에 걸리거나 임신중독증에 걸릴 확률도 높아진다. 무게가 많이 나가기 때문에 자궁경부가 더 이상 버티지 못하고 조산하는 경우도 빈번하다.

아기들의 경우도 그렇다. 좁은 공간을 두 아이가 써야 하므로 후반부로 갈수록 발육이 잘 안 되거나 양수가 줄어들 수도 있다. 또 그렇기 때문에 환경이 맞지 않아 스스로 일찍 나오는 경우도 있을 수 있다.

그래서 쌍태아 임신은 엄마에게도 아기에게도 여러 가지 부담 요인이 있을 수 있다. 그러다 보니 단태아 임신을 한 산모보다 훨씬 더 자주 병원을 찾아 경과를 관찰해야 한다.

건이, 강이네는 임신 중기 이후 2주 간격으로 혈압, 부종 등을 모니터링했고, 4주 간격으로 초음파를 보았다. 두 아이의 발육 상태는 20주 이후부터 약간 차이가 나기 시작했다. 격차는 점점 벌어져서 34주에는 거의 1킬로그램 정도의 체중 차이가 났는데, 이때부터 나는 조금씩 진짜 이란성 쌍태아가 맞는지에 대한 의문이 생겼다. 분명 초음파에서 관찰되고 있는 양막의 기시 부위 모습은 이란성 쌍태아가 맞는데, 체중의 격차는 점점 벌어지고 있다. 그렇다면 혹시 초음파상으로는 아닌데 알고

보니 일란성 쌍태아인, 말하자면 정말 드문 케이스를 내가 또 만난 것은 아닌가 하는 걱정이 슬금슬금 생겼다.

그나마 양수 양이 잘 유지되었으며 태동 검사 소견이 괜찮았기에 36주까지 기다릴 수 있었다. 그리고 혹시나 일란성 쌍태아의 쌍태아간 수혈증후군이 있다고 하더라도 아주 심각한 상태가 아니라면 36주 이전에 조산을 시키는 것보다는 36주 이후까지 기다리는 것이 정답이므로 자주자주 아기를 보면서 관찰을 했다.

둘째는 더 수월하게

유도 분만 2일 전, 둘째 강이의 발육 지연이 심각한 것 같아 보이고 혈류 속도도 이상 소견이 있어서 유도 분만을 결정했다. 유도 분만 2일째에 본격 진통이 걸리면서, 첫째 건이가 오후 5시 49분에 2.95킬로그램으로 태어났다. 초음파에서 보였던 그 체중대로 태어났고 아주 건강했다.

내 경험상 보통 쌍태아의 둘째는 한 시간 정도 지난 뒤에 태어난다. 첫째의 태반은 그대로 엄마의 자궁 속에 있고 자궁 수축은 멈추게 되며 작은 아기가 안정되고, 자리를 잡을 때까지 자궁이 쉬는 것도 같다.

그 사이에 의료진은 큰 아기를 돌보고, 작은 아기의 위치를 확인하기 위해 초음파를 본다. 얼마간의 시간이 지나고, 다시 자궁 수축이 시작되면 첫째가 열어 준 자궁의 문을 따라 둘째는 자연스럽고 수월하게 나온다. 둘째 강이는 오후 6시 41분에 1.97킬로그램으로 태어났다.

조산사만 세 명이 들어와 있었고, 의사와 간호사, 둘라까지 눈 깜짝할 사이에 많은 인원들이 건이와 강이의 출산을 도와주었다.

강이는 태어난 다음날 신생아 중환자실 신세를 졌다. 체중이 작은 아기들, 발육 지연이 있는 아기들은 정상적인 아기들보다 불리한 점이 많다. 체온 조절이나 탈수, 면역 측면에서도 모든 면이 정상 체중아들에 비해 불리하다.

별 탈 없이 항생제를 쓰다가 퇴원하긴 했지만, 건이와 강이의 엄마 아빠는 무척 마음 졸였을 것이다. 사실 건이도 임신 초기 목 뒤쪽 투명대가 6밀리미터나 되었기에 융모막융모생검을 했었고, 혹시나 심장이나 머리 쪽의 다른 이상이 있진 않을까 노심초사하긴 했었다. 그래도 건강했으며 그때 일시적으로 두꺼웠던 목 뒤쪽 투명대는 그 이후로는 전혀 문제가 되지 않았다.

옛날에도 쌍둥이는 그냥 출산했다. 지금도 그럴 수 있다. 도와주는 사람들만 있다면 그냥 그렇게 낳을 수 있다. 적어도 내 생각에는 산모가 낳겠다고 하면, 의료진의 지식 수준에 따라 못 하게만 할 것이 아니라, 큰 문제 될 것이 없다면 한번쯤은 산모의 입장을 수용하도록 노력할 필요가 있다. 그렇게 예전부터 해왔던 일들에 큰 일이 생길 가능성은 매우 낮으므로 자신감을 가질 필요도 있어 보인다.

건이와 강이는 한 시간 차이를 둔 형제가 되었고, 둘이 힘을 합해 잘 태어난 것처럼, 세상도 그렇게 힘을 합쳐 잘 살아갈 것이다. 든든한 후원자인 엄마 아빠와 함께 말이다.

그녀는 멋졌다

전 걱정 안 해요

두 달에 한 번씩은 쌍둥이들을 맞이한다. 자연주의 출산을 하는 병원이라서는 아니겠지만, 나는 병원을 열고 나서 꾸준히 남들 거의 안 하는 쌍둥이 분만이나 둔위 분만을 지속적으로 하고 있다. 그리고 '이것이야말로 자연스러운 출산인지도 모르겠다'는 생각을 한다.

쌍둥이 출산은 제각각이다. 수술로 태어난 쌍둥이들이야 당연히 1분 터울이겠지만, 자연 진통을 겪고 나오는 쌍둥이들은 어떤 때는 15분, 어떤 때는 40분, 어떤 때는 열두 시간이 지나도록 둘째가 안 나오는 경우도 있다.

2016년 11월의 첫 출산은 그렇게 열두 시간 터울의 쌍둥이 사랑이와 기쁨이가 열어 주었다. 사랑이와 기쁨이 두 아이들의 형님은 2014년 3월에 태어났다. 부부에게 임신은 매우 힘든 과정을 거쳐 얻게 된 소중한 열매였다. 형이었던 희망이도 시험관 아기였고, 이번 사랑이와 기쁨이도 시험관을 거친 쌍둥이였다. 어려운 임신일수록 잘 낳고 싶은 마음이 드는 것은 당연하다.

'만약에'는 생각하지 않기로

어떤 이들에게는 잘 낳는 것이 온갖 방어를 하고 온 감각을 '위험이 생기지는 않을까' 하는 우려에 집중해 최대한 조심하는 것인지 모른다. 어쩌면 이런 이들이 대다수일 수도 있다. 하지만 어떤 이들에게 잘 낳는 것은, 어렵게 온 아이인 만큼 엄마가 힘들더라도 아이에게 최적화된 환경을 제공해서 어떻게든 아기가 편안한 방향으로 함께 견뎌 내야 하는 과정일 수 있다. 희망이와 사랑·기쁨이 엄마에게 잘 낳는 것은 후자였을 것이다. 사실 자연주의 출산을 결정하는 많은 엄마들에게 출산은 당연히 거쳐야만 하는 '받아들일 수 있는 고통'이다.

위험을 생각하자면 끝이 없다. 요즘 같은 시대에 개인마다 몸 상태가 다르니 나이가 무슨 상관이겠는가마는, 사랑이 엄마는 이미 희망이를 낳을 때도 노산이었다. 게다가 쌍둥이를 낳을 때는 그 나이에 뭐 하러 자연 분만을 시도하느냐는 사람이 더 많을 법한 마흔 살이었다.

아마도 36주 무렵에 출산될 것 같았다. 첫째가 될 아기의 머리가 아래쪽에 있다면 우리는 자연 분만을 시도한다.

'합병증이 생기지 않게만 주의하자. 나이는 생각하지 않아도 된다. 낳을 수 있는 아기니까 주신 것이다.' 나는 그렇게 생각했다.

또한 우리의 대화는 시종일관 잘되리라는 긍정적인 것이었다. 만약에……라는 것, 생각하자면 끝도 없는 '만약에'는 아예 떠올리지 않았다. 적어도, 엄마는 부정적인 생각은 하지 않아도 된다. 그건 의료진의 몫이다. 엄마는 오로지 한 가지, 잘 낳을 생각이면 충분하다.

두 녀석은 몸무게 차이가 꽤 났다. 임신 중기 이후부터 첫째의 체중이 둘째보다 많이 적음을 우리는 인지했다. 하지만 두 아이가 이란성 쌍태아임을 알고 있었기에 그리 걱정하지 않았다. 산모는 나에게 "전 좋아요"라는 말로 본인의 임신을 매우 긍정적으로 받아들이고 있음을 알렸다. "전 걱정 안 해요"라는 그녀의 말은 마법 같아서, 나는 그녀가 아주 힘든 과정을 거쳐 임신했다는 사실조차 잊곤 했다.

열두 시간 터울로 나온 쌍둥이

2.47킬로그램의 쌍둥이 중 첫째, 그러니까 삼형제 중 둘째인 사랑이가 새벽에 태어났다. 예상대로 36주를 막 넘기고 딱 37주가 되던 날 새벽 세 시 무렵에 태어났다. 거짓말처럼 진통이 사라졌다.

사실 나는 이 순간 약간 당황했다. 초음파로 쌍둥이 중 둘째의 위치를 확인하고, 분명 30~40분 이내에 진통이 곧 다시 개시될 것이라고 생각했는데, 아무런 변화가 생기지 않았다. 먼저 나온 사랑이가 모유 수유를 하고, 우리가 약간의 촉진제의 힘을 빌려 진통을 유도하려고 해도, 도무지 진척이 없었다.

처음으로 돌아가 다시 생각을 해야 했다. 쌍둥이 중 둘째이자 귀여운 셋째는 아직 뱃속이 편한 것일지도 모른다. 그리고 그 녀석은 아직 골반에 들어오지도 않았고, 열심히 노는 데에 집중하고 있다. 하루 좀 지나면 어떤가? 그냥 기다리자. 자연주의 출산을 하는 곳에서는 아기가 진입을 하지 않으면 진통이 생기지 않는다는 것을 당연한 일로 생각한다.

3.2킬로그램의 기쁨이는 오후 세 시에 태어났다. 오후 두 시 무렵이 되어 우리는 초음파를 다시 보았다. 역시나 아기가 아직 내려오기에는 적합한 위치에 있지 않다는 것을 확인했다. 우리들이 자주 쓰는 몇 가지 운동을 응용하여 아기를 돌려 보기로 했다. 그리고 먼저 태어난 사랑이가 모유 수유를 잠깐 했다. 그리고는 폭풍 같은 진통 10분 만에 둘째가 태어났다.

이럴 것을…… 기쁨이는 그렇게 태어날 것을, 밖에 있던 어른들은 알지 못하고 괜히 조마조마했나 보다. 아니, 엄마는 아무렇지 않았을지도 모른다. 그저 아주 조금 출산을 알고 있다고 자부하는 그 의료진들이 조급했던 것인지도 모른다.

그렇게 우리는 세 명의 남자아이를 자연주의 출산으로 만났다. 비록 임신까지는 매우 어렵고 힘든 일이었을지 모르지만, 출산은 이보다 더 자연스러울 수 없는 과정이었다.

"네, 전 걱정 안 해요."

그녀의 이 말, 그 목소리와 눈빛이 나는 그제서야 이해되었다. 정작 나는 걱정하지 말라고 말로는 외치면서도 속으로는 온갖 걱정을 다 하고 있었던, 여전히 더 배워야 할 것이 많은 그냥 별것 아닌 의사인 것이다.

그런 나에게 그녀가 보여 주었던 그 확신은 누가 아무리 말해 줘도 이해하기 어려운 '모성' 그 자체였다.

그 나이에, 그렇게 힘들게 임신했기 때문에, 그녀에게 '엄마'라는 모습이 더 강하게 각인되었나 보다.

그리고 정말이지 그녀는 아주아주 멋졌다.

47킬로그램,
42세 엄마도 해냈어요!

인공적인 조절이 더 어려울 수도

우리가 평소에 많이 하는 의료적 노력 가운데 하나는 잘 안 될 것 같은 일을 잘되게 하는 것이다. 예를 들면 잘 크지 않는 아이들에게 성장 호르몬 주사를 놓아 키우는 것, 배란이 잘 안 되는 사람들에게 배란을 유도하는 것 등 말이다.

정상과 비정상의 경계는 학문적인 기준에 따른다기보다는 개개인의 특성에 따라 결정되는 것인지도 모른다. 많은 사람들이 불임으로 진단받았다가 어느 날 자연임신이 되어 오고, 키가 안 커서 걱정했던 아이가 어느 순간 훌쩍 커 버린다. 그런 것을 보면 정상과 비정상, 평균과 평균에서 벗어나 있는 것들의 경계는 정말이지 개개인에게는 무의미해 보인다.

평균보다 마른 산모들은 적어도 12킬로그램 이상 체중을 찌워야 임신 기간도 편하고 진통도 수월하다고 한다. 평균보다 더한 몸무게를 가진 산모들은 합병증을 줄이기 위해 체중을 6킬로그램 이상 늘리지 않을 것을 권장한다. 평균적으로 초산모들은 진진통 이후 4~5시간 이후 출산을 한다. 평균은 이렇게 우리들에게 많은 수치를 보여 주며, 여기서 벗어났을 때는 불편함과 불안함을 안기기도 한다.

너무나 작은 엄마

샤넌(Shannon)은 임신 전 몸무게가 38킬로그램이었던 작은 체구의 엄마였다. 둘째 출산 이후 10년이 지난 후 셋째가 찾아왔다. 당황스럽다기보다는 기적 같았다고 했다. 그리고 무척이나 환영하고 사랑한다며 기뻐했다.

하지만 임신 기간 중 엄마의 몸은 아기를 감당하기 어려운 것처럼 보였다. 조금만 압력이 높아져도 위 식도 역류가 시작됐고, 가뜩이나 근육이 없는 몸은 체중이 더 빠지는 것처럼 보였다. 간신히 40킬로그램을 유지하도록 노력했지만 조금이라도 체중이 느는 기미가 보이면 어김없이 소화불량에 모든 자율신경계가 곤두서는 느낌이라고 했다.

체중은 겨우 9킬로그램 늘었다. 38주, 더 이상 버틸 수 없다고 너무 힘들다고 했다. 더 이상 임신을 유지하는 것은 산모의 몸이 감당할 수 없다며 남편도, 산모도 간절하게 유도 분만의 필요성을 호소했다.

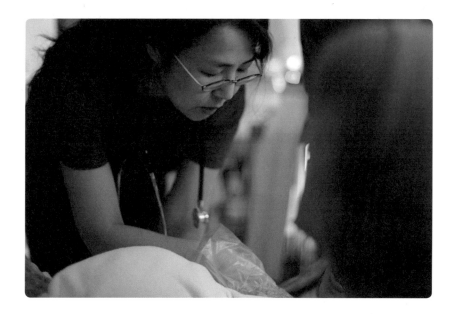

첫 번째 유도 분만. 이미 자궁 입구는 3센티미터나 열려 있었다. 아직 시기가 이른 감이 있었지만 산모 몸의 부담을 덜어 주기 위해 유도 분만을 하기로 했다. 인공 촉진제 투여가 시작됐다. 작은 몸에는 촉진제를 같은 용량 투여할 수 없다. 반의 반으로 시작했지만, 역시나 산모의 몸은 너무 예민했다. 촉진제가 들어가면 어김없이 1분 간격의 수축이 시작되었고 이 간격은 너무 빨라, 더 이상의 촉진제를 투여할 수 없었다. 유도 분만 반나절 만에 우리는 유도 분만 중단을 결정하고 귀가하기로 했다.

두 번째 유도 분만. 몸이 힘들어 임신 유지가 어렵다는 것을 잘 알고 있지만, 며칠 전 유도 분만 실패로 산모는 많이 위축된 상태였다. 그러나 할 수 있다고 격려했다. 결국 아기는 나올 것이고 모든 것을 인공적으로 조절하는 것이 사실 더 어려울지 모른다. 더군다나 다른 사람들보다 몇 배는 더 예민한 산모의 몸에 모든 것을 맞춘다는 것은 말이다.

수술이 더 위험할 수도

하지만 우리는 할 수 있다고 믿어 보자고 설득했다. 지난 번보다는 반응이 덜 격한 것 같았다. 어느 정도 진행이 되려 할 때 산모는 조금도 움직일 수 없다고 했고 여기서 수술하겠다고 했다.

지금 산모의 몸 상태로는 수술이 더 위험하다고 설득에 설득을 거듭했다. 건강한 산모들도 어려운 것이 제왕절개 후의 회복 과정이다. 수술이 당장은 어려움에서 벗어나게 해 주지만 더 오랜 기간 산모의 몸을 힘들게 만들 것이라고 설득했다.

남편은 내 말에 전적으로 동의하고 프로 둘라들처럼 아내에게 지금의 상황을 잘 설명하고 설득했다. 무통주사를 했다. 산모는 곧 안정을 찾았다. 그리고 마지막 순간 약간의 위기는 있었지만 역시, 셋째 엄마답게 금세 아기를 만났다.

섀년은 도저히 몸으로 감당하기 어려운 임신 기간을 보냈고 누구보다 어려운 출산 시간을 보냈다. 하지만 다른 이들의 곱절이나 되는 관심과 사랑을 받으며 출산했고 그 모든 과정을 남편의 강력한 확신 속에 해냈다.

본인의 몸을 보호하는 최선의 방법이 수술은 아니라는 것.

지금 이 순간을 벗어나기 위한 방법 중 가장 빠른 방법이 수술이지만, 결코 그것이 산모의 몸을 보호하는 것이 아니라는 것에 동의하지 않았더라면, 우리는 수술 후 힘든 시간을 보내고 있는 산모를 지켜봐야 했을 것이다. 그랬다면 성탄절에 산모가 보내 준 달콤한 크리스마스 케이크를 맛볼 기회가 없었을 수도~~

둘째는 빨리 나온다고요?
쿵쾅이는 달랐어요

자연스럽게 만나는 방법이란 정말 뭘까?

보통 둘째들은 빨리 나온다. 진통이 시작되고 미처 병원에 도착하기도 전에 출산되는 아가들이 있을 만큼 빨리 나오는 경우도 있다. 그러나 자연 출산에서는 그렇지 않은 경우도 종종 보게 된다. 이미 자궁경부는 5센티미터 이상 열려 있는데도 말이다. 왜 그런지는 아기만이 알겠지만 그래서 늘 그 예측 불허에 놀라곤 한다.

그동안 우리가 전형적이라고 생각했던 둘째들의 진통은 보통 촉진제를 썼기 때문에 그렇게 보였던 것은 아닐까 생각해 보기도 한다. 역시 개인마다 차이가 참 크다.

쿵쾅이네는 첫째 햇살이도 우리 병원에서 만났다. 양수가 적어 다소 걱정이었던 햇살이보다 쿵쾅이는 훨씬 더 수월하게 임신 기간이 흘러갔다. 물론 중간중간 엄마의 몸 상태가 힘든 적이 있긴 했지만 말이다.

쿵쾅이의 문패는 바쁜 둘째 엄마들이 보일 수 있는 최대한의 성의이

자 애교다. 보통 둘째들은 문패 없이 오는 경우도 많은데, 햇살이 엄마는 쿵쾅이의 문패도 첫째 못지않은 정성으로 만들어 왔다.

요지부동 쿵쾅이

쿵쾅이는 자궁경부가 5센티미터 열린 이후로 하루를 꼬박 보낸 뒤에 나왔다. 경험상 한 번의 센 자궁 수축만 있어도 다 열리곤 하는 둘째들과 다르게 매우 센 강도의 진통이 오는데도 쿵쾅이는 요지부동이었고, 급기야 웬만한 첫째보다도 더 오래 걸리는 진기록을 세웠다. 아마 우리 병원 개원 이래 자연스러운 진통으로 이렇게 오래 갔던 둘째는 처음이었던 것 같다. 아마 앞으로도 없지 않을까?

엄마가 산책을 다녀오고, 쉬어도 보고, 매우 센 진통에도 끄떡없던 쿵

콩이는 정말 모르는 사람 눈에는 '아, 첫째 낳는구나' 싶을 만큼 긴 진통 시간을 보낸 뒤에야 나왔다.

밤 11시가 되어 매우 센 진통으로 엄마가 힘들어하는 것을 보니, 곧 될 것 같았지만, 그렇게 밤이 꼬박 지났다. 아침이 되어 자궁경부가 다 열리고 나서도 한 시간 이상 걸렸다. 너는 진정 둘째가 맞느냐?

처음이었다! 이렇게 첫째와 똑같은 모습으로 진통을 하는 둘째를 보기는!

자연스러운 흐름……

나는 종종 놀란다. 촉진제를 쓰지 않는 진통에 대해 내가 전혀 아는 것이 없었던 것 같기 때문이다. 조산사 김옥진 선생님이 말했다. "natural childbirth에서는 피토신 써서 나오는 전형적인 둘째들이랑 다를 수 있어요."

나는 산부인과 전문의라는 타이틀을 가지고 있지만 몇 년 전까지만 해도 정상적인 진통의 약물 사용 없는 진행 과정을 전혀 알지 못했던 것인지 모른다. 평균과 다를 수 있는 자연스러운 흐름을 자연스럽게 읽기까지 얼마나 더 많은 배움이 필요할까?

자연스럽게, 그렇게 아기를 맞이하는 방법을 나는 매일 배우고 있다.

하늘 보고 나왔어요,
그래도 괜찮아요

치유의 출산을 위하여

　첫째를 2박 3일에 걸쳐, 속된 말로 죽을 고생을 하고 낳으면, 둘째는 내가 이렇게 출산에 적합한 사람이었나 싶을 만큼 짧은 시간 안에 낳는 경우가 꽤 있다. 그러니까 차에서 애를 낳았다는 사람들 대부분은 아마 첫애보다는 둘째 이상의 아이를 낳는 경산모(經産母)일 가능성이 높다.

　하지만 남들이 아무리 둘째가 쉽다고 하더라도, 본인의 첫째 출산이 어려웠던 산모들은 지금 같은 얕은 진통으로는 절대 아기가 나오지 않을 것이라고 생각한다. 그렇지만 감사하게도, 그 와중에 첫째 때 이미 한번 열려 본 적이 있는 자궁경부와 늘어나 본 적이 있는 골반의 근육과 인대들은 1년 전이든, 2년 전이든 그때의 변화를 각인한 듯 순식간에 그 모든 변화를 한꺼번에 일어나게 한다.

첫 번째의 아픈 기억

첫째아이 베이는 2박 3일에 걸친 진통 끝에 3.48킬로그램으로 태어났다. 지나치게 좁고 납작했던 골반 때문에 내려오는 데도 오래 걸렸고 열리는 데도 오래 걸렸다. 무통주사를 맞을 생각보다는 더 할 수 있다는 의지로 두 부부가 모든 과정을 함께했지만, 돌이켜 생각해 봐도 힘든 과정이었다. 아기는 심한 태변 착색이 되어 나왔고, 호흡은 잘했지만 납작한 골반을 통과하느라 쇄골이 골절된 상태로 태어났다. 아기는 한동안 골절이 된 쪽으로는 눕힐 수가 없었다. 물론 아기들은 어른과 달라서 골절이 되어도 쉽게 붙는다고 하고, 분만 도중에 쇄골이 골절되는 아이들이 가끔 있다는 것도 잘 알고 있지만, 그렇다고 한들 어째서 그 일이 아무렇지도 않은 듯 다가올 수가 있을까.

그래서 베이의 엄마 아빠는 둘째에 대한 고민이 많았다고 했다. 나는 10월 분만 예정 산모 이름에 베이 엄마가 올라가 있는 것을 보고 분명 다른 사람일 것이라고 생각했다. 내가 이름과 상황을 정확히 기억하고 있는 산모는 뭔가 힘들었던 케이스일 가능성이 높다. 베이 엄마도 그런 경우였다. 동명이인일 뿐 베이 엄마는 아닐 것이라고 생각했다. 그런데 만나 보니 분명 내가 기억하고 있는 베이 엄마가 맞았다.

"고민 많이 하셨대요. 첫째 때 쇄골이 부러졌었잖아요. 많이, 오래 걸렸고. 그래도 일부러 온 것을 보면 정말 감사하기도 하고, 기특하기도 해요."

베이 엄마의 담당 조산사였던 선생님이 해 준 이야기이다.

진짜 그랬을 것이다. 자연 출산으로 난산을 극복했지만 그 과정이 트라우마로 남은 사람들이 분명히 있다. 폭력적인 분만이 상처로 남는 것 이상으로 난산을 극복하는 과정에서의 힘듦은 두고두고 머릿속에 각인되어 좀처럼 다른 기억으로 치환되지 않는다.

두 번째 아기는 하늘을 보네요

둘째는 이른 시기에 진통이 시작되었다. 37주에 시작된 진통. 예상대로 진행은 무척 빨라 순식간에 자궁 입구는 다 열리고 아기 머리가 내려오려 했다. 그런데 여기서부터 조금 다른 양상으로 진행되었다. 산모의 허리는 점점 더 아파 오고, 아기의 머리는 더 이상의 진행이 없었다. 진통은 2분 간격으로 오지만, 아기가 내려오질 않는다.

내진해 보니 어째 하늘을 보고 있는 것 같았다. 보통의 아기들은 머리부터 나오되 얼굴이 바닥 쪽을 향해 나온다. 그런데 얼굴이 위쪽, 하늘을 보고 나오는 경우를 지속후방후두위, POPP(persistent occiput posterior position)라고 한다. 일반 산부인과에서 후방후두위는 물어볼 필요조차 없이 제왕절개를 한다.

'왜 하필 네가 POPP냐. 둔위보다 더 드물고 절대로 아기가 분만될 수 없다고 여길 만큼 어려운 POPP가 왜 하필 너란 말이니?'

"눌러서 아기 낳을게요. 도와서 아기 낳아야 할 것 같아요. 이대로는 힘들지도 모르겠어요."

'그동안 운동했던 모든 에너지를 여기에 집중해서 한번 아기를 밀어 보자. 집중해야 한다.'

방 안에는 순식간에 모든 조산사들이 들어와 응원하고 있었다. 할 수 있다, 해 보자. 한 번, 두 번, 자궁저 압박을 할 때마다 내려가는 게 느껴졌다. 그리고 아기는 짐작했던 것처럼 하늘을 보고 나왔다.

POPP 등의 내진 소견은 100퍼센트 정확할 수 없다. 눈으로 확인하기 전까지는 '짐작,' 혹은 '추정'일 뿐이다.

3.18킬로그램. 37주 0일로 보기에는 뭐 약간 크다고 할 수 있을 정도의 무게였다. 역시 아기들은 본인이 나올 길목을 알고 있는 것 같다. 더 커지면, 본인이 태어나기 힘들다는 것을 본능적으로 알고 있는 것이 분명하다. 적어도 엄마가 준비되어 있다면 말이다.

"쇄골은 괜찮겠죠?"

"네, 괜찮을 거예요. 걱정 마세요. 많이 다치지도 않았고, 정말 다행이에요. 정말 잘 출산해 주셔서 감사합니다."

첫째 덕분에 부부는 진정으로 사랑하는 부부가 되었고, 첫째 덕분에

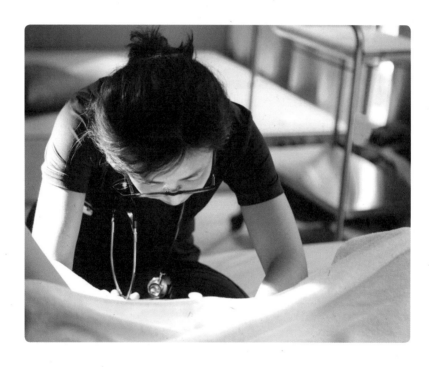

우리, 잘 낳을 수 있어요

아이의 고통을 더 이해하게 되었고 그런 첫째 출산의 트라우마를 둘째
가 태어나며 씻을 수 있었다.

　베이네처럼 우리 병원에서 정말이지 고생고생하며 출산하고는 "뭐 하
러 그렇게 출산했느냐?"라는 핀잔 아닌 핀잔을 들었던 산모들이 여럿 될
것이다. 그런데 이런 엄마들 중 참으로 많은 분들이 둘째 때도 다시 우리
병원을 선택했다. 여름이네, 하이네, 가은이네, 가영이네, 리우네 등……
정말로 많은 가정들이 고생스러웠던 첫째 출산의 기억에도 불구하고,
둘째도 이곳에서 베이 엄마처럼 치유의 출산을 경험하고 간다.
　적어도 '뭐 하러 미련하게'라는 말은 우리에게는, 우리가 속해 있는 공
간에서는 존재하지 않는 말이다. 쉽게 제왕절개를 결정하고, 긴 회복시
간을 거치고 또 둘째도 제왕절개로, 셋째도 제왕절개로, 같은 혹은 더한
아픔을 본인들 몸에 새겨 넣는 것보다는, 아기가 괜찮다면 본인을 위해
서도 아기를 위해서도 조금 더 견디고 출산의 시간을 인내해 보는 것이
더 현명한 일이 아닐지 한번쯤 생각해 보았으면 좋겠다.

잭잭이 브이백했습니다

잘되는 진통은 자주 오고, 잘 온다

자연주의 출산의 꽃, 브이백. 누구나 자연주의 출산을 할 수 있지만, 자연주의 출산을 향한 남다른 결심 말고도 더한 다짐을 해야만 가능한 것이 브이백(VBAC), '제왕절개 후 자연 출산'이다.

제왕절개의 이유는 외국이나 우리나라나 매우 다양하다. 독일에서 온 한 산모는 41주 4일에 유도 분만 도중 심박 수가 갑자기 떨어지면서 선택의 여지 없이 3장짜리 수술동의서를 제대로 읽어 보지도 못한 채 사인하고 제왕절개를 했다고 한다. 또 미국에서 온 어떤 한 분은 너무 일찍 진통이 시작되면서 아기가 견디지 못해 수술을 했다고 한다.

여하튼 두 분 모두 멋지게 우리 병원에서 브이백을 성공하고, 제왕절개와는 사뭇 달랐던 자연 분만 후의 자연스러운 회복 과정에 행복해했다. 외국이든 우리나라든 브이백이 주는 기쁨은 자연 분만이나 자연 출산이 주는 기쁨의 곱절 이상으로 감동과 환희를 준다.

잭잭이네는 2014년 2월에 우리 병원에서 태아곤란의증으로 응급 제왕절개술을 했다. 물론 아기는 건강했다. 그러나 자연주의 출산을 몸으로 마음으로 준비해 오던 이들에게 제왕절개는 받아들이기 어려운 악몽 같은 일이었을 것이다. 아기와 진통을 함께하지 못했다는 것은 이들에게는 악몽보다도 힘든, 가슴 깊숙한 곳으로부터의 죄책감의 발로일 수 있다.

이러한 감정 상태는 진한 아쉬움으로 남고 각인되어 혹시나 둘째를 임신하면 다시 도전해 보고자 하는 용기가 되기도 한다. 잭잭이네는 교과서에서 권장하는 18개월보다 약간 부족한 17개월 만에 둘째를 임신했다. 세상에 절대 안 되는 일도, 반드시 되는 일도 장담할 수 없듯, 17개월 만에 임신했다고 절대 브이백이 안 되는 것은 아니라고 위로를 했다. 하지만 브이백이 걱정스러운 것은 사실이었으리라.

제왕절개 후 자연 출산, 브이백

그렇게 걱정 반 기대 반으로 막달을 넘기고, 주변 사람들의 온갖 걱정과 만류에도 불구하고 우리는 자연 진통까지 다다르는 데 성공했다. 특히나 제왕절개율이 낮은 우리 병원에서 제왕절개를 했다고 하면 자연 분만은 정말 불가능할 것이라고 생각할 수도 있다. 하지만 잭잭이네 제왕절개의 이유는 아두골반 불균형이 아니었다. 진통 마지막 순간에 심박 수가 급격하게 떨어지는 태아곤란증이었다. 그리고 진짜 자궁 경관이 다 열릴 때까지 기다리지도 못했으니 이 경우 아주 불가능한 것도 아니었다.

잘되는 진통은 역시 자주 오고, 잘 온다. 산모의 몸은 저절로 옥시토신 호르몬을 분비시키고, 자궁은 리드미컬하게 반응한다. 온몸에서 나오는 엔도르핀은 산모의 통증을 조절시키고, 매 진통 때마다 하는 부드러운 호흡은 산모와 아기를 버티게 해 준다.

잘 먹고, 잘 쉬고, 정서적으로 잘 돌봐 준다면 이렇게 자연스러운 현상이 제대로 안 흘러갈 리 없다. 소리 없이 호흡에 집중하고, 아기가 내려오는 생경한 느낌에 집중하다 보면 어느새 자궁경부는 다 열려 있고, 어느 순간부터 나도 모르게 아기를 밀어 내는 호흡을 하는 것이 자연스러운 진통의 순서다.

그 시간이 빠를 수도 있고 늦을 수도 있다. 시간을 다소 필요로 했던 잭잭이는 그리 작지 않은 아기로 거의 3.7킬로그램이었다. 그만큼 탯줄이 튼튼하고 긴 시간 진통을 버틸 만한 체력을 가지고 있었다는 뜻이다.

출산 직후 확인한 초음파에서 자궁의 상처 부위에 2~3밀리미터 정도의 벌어짐을 발견하긴 했지만, 출혈이 멈춘 이상은 크게 문제되지 않았다. 잭잭이네는 우리 병원에서 제왕절개를 하고, 우리 병원에서 브이백을 성공한 첫 번째 엄마로 기록되었다. 감사드리고, 축하드린다.

우리, 잘 낳을 수 있어요

사랑이네,
미련이 남는다면 해 봐야지요

긴 대화를 나누었다. 도전할 것인가 말 것인가

사랑이네는 우리 병원에서 제왕절개를 하고, 우리 병원에서 브이백에 성공한 두 번째 산모였다. 제왕절개 23개월 만에 브이백에 성공했다. 긴 대화를 나누었다. 마지막 순간까지도 망설임이 있었다. 처음부터 계획했던 브이백이 아니었기에 결정이 더 어려웠다.

"아직까지 미련이 남아요. 그때 조산사 선생님이 아무 말도 안 하고 자꾸 나가시니까, 진짜 힘들었어요. 지금 어디까지 됐다, 얼마만큼 왔다고 말을 해 주시면 좋은데, 그냥 아직 시간이 더 걸린다, 그런 이야기만 하시니까……"

큰 애의 출산 때를 떠올리면 눈물이 나고 후회된다고 했다. 나의 토막 기억으로는 진행이 되고 있는데 산모가 더 이상의 진통을 원하지 않아 수술을 하자고 했었다. 정말 더디 진행되기는 했다. 아기가 크기도 했고……

서운함을 넘어 "더 잘해 보자"

"이제 그만하겠습니다"라는 말에는 여러 의미가 있다. 아파서 이제 쉬고 싶다는 의미일 수도 있고, 어떤 경우에는 진짜 이제 그만하고 싶다는 말일 수도 있다. 그날의 "그만하겠습니다"라는 말은 긴 진통을 지속할 수 있는 더 이상의 정신적인, 신체적인 에너지가 모두 없다는 뜻인 것 같았다. 무통주사를 했지만 결국 마지막 순간에 우리는 다 같이 제왕절개에 동의하고 수술로 아기를 만나기로 했다.

솔직하게 오랜 시간 동안 대화하는 것은 정말 쉽지 않다. 솔직하게 그때를 돌아보며 원인을 생각하고 서운했던 점을 정확히 짚어 이야기하며 실수를 반복하지 않게 하는 것은 정말 쉬운 일이 아니다.

사랑이네는 첫째 출산을 도와주었던 조산사 선생님에 대한 원망과 실망이 컸다. 오랜 진통에 지쳐 갈수록 내 편이 돼 주어야 할 조산사가, 본인이 힘들다는 이유로 은근한 핀잔을 주는 것 같아 힘들었고, 조산사 눈치가 보여 더 이상 진통하기도 싫었다고 했다. 백번 이해되는 말이다.

물론 모든 것이 조산사 때문은 아니라는 것을 우리는 알고 있다. 그렇더라도 한순간도 따뜻함을 느끼지 못했다면 인간 대 인간으로, 절망스러운 일이 아닐 수 없다. 기억은 왜곡되고 과장되기 마련이지만 사랑이네는 그 깊은 원망과 한숨으로 둘째 아이의 자연주의 출산, 브이백에 대해 긴긴 고민을 했다.

나는 "더 잘해 보자"고 했다. 터울이 짧지만, 그렇게 미련이 남는다면 아무리 의학적 위험도가 높아진다고 하더라도 시도를 하는 것이 좋겠다고 했다. 늦은 것 같지만 지금도 늦지 않았고, 서둘러 준비하면 남들보다 더 잘할 수 있을 거라고 믿었다. 첫째 때는 함께하지 않았던 둘라 선생님도 같이 했고, 남편도 스스로 가지고 있던 불안감을 버리고자 노력했다.

마음을 비우니 진통이 왔다

둘째도 양막이 먼저 터졌다. 불안함이 엄습해 올수록 여유를 가져야 한다. 이틀이 그냥 지나갔다. 양막이 터졌는데도 아무런 소식이 없었다. 자연 진통을 기다리는 것 이외에는 달리 선택할 수 있는 것이 없었기에, 내일도 진통이 안 걸리면 그대로 인정하고 수술을 하기로 결정하고 잠을 청했다.

마음이 비워지면 상념이 없어지고 비우게 되면 정말 몸이 움직이는 것일까? 편하게 생각하자는 말을 하고, 얼마 뒤에 진통이 오기 시작했다.

차츰차츰 진행이 되더니 새벽녘을 지나 해가 떴을 무렵에는 제법 센 진통이 자주 왔다. 초음파로 중간중간 확인을 해 보았다. 비록 지금의 상황만을 알 수 있다고 해도 서로에게 마음의 평화를 주는 확인 과정은 반드시 필요하다.

지금은 쉴 때가 아니다. 쉴 수도 없다. 자궁경부는 거의 다 열려 가는데, 아기는 아직 내려오지 않았다. 바깥 골반이 넓은 것에 비해 속 골반은 덜 유연한지도 모른다. 어찌됐건 진행을 시키기 위해서는 가만히 누워 쉬게 할 수는 없었다.

둘라 선생님과 남편 모두 산모를 다독이며 계속 함께 움직였다. 공간을 찾은 아이는 그 공간으로 자꾸 내려오려고 하고, 그럴 때마다 엄마는 산도가 넓혀지는 느낌으로 힘들고 괴롭다.

어떻게든 엄마의 골반을 빠져나가려는 아이를 돕는 것, 좁은 산도에 공간을 더 만들기 위해 이리저리 몸을 움직이는 것, 잊지 않고 호흡을 하는 것…… 말로는 계속 들었고 할 수 있으리라 생각하지만 뼈가 벌어지고 인대가 늘어나는 느낌을 온몸으로 '다시' 마주하는 것이 어디 쉬울까?

첫째 때의 긴 진통을 경험해 본 사람이라면 더 무서울지도 모른다. 어쩌면 우리에게 다른 선택이 없다는 것은 더한 절실함을 만들어 내고 그 절실함을 긍정적으로 이용할 수 있다면, 과거 언젠가는 불가능했던 것이 지금 오늘은 가능하게 되는 것일지도 모르겠다. 사랑이네에게도 나에게도, 그런 절실함이 있었다.

초음파를 몇 번이나 보고 애매모호한 증상들을 그럴 수 있는 것이라며 그냥 넘기기 위해 우리는 얼마나 애썼는지 모른다. 23개월밖에 되지 않는 간격에 골반이 상대적으로 넓지 않다는 것, 쉬고 싶은 그 당연한 욕구를 억누르는 것, 이 모든 것을 같이 해내기 위해 우리는 얼마나 애썼는지 모른다.

그때도 이랬다면

그렇게 사랑이가 태어났다. 눈물, 콧물 범벅이 되어 우는 사랑이 아빠를 보면서, '그때도 이렇게 했다면 달랐을까' 생각해 보았다. 그때는 무슨 일이 있었던 걸까? 아기가 커서였는지 ― 첫째는 3.6킬로그램이었다 ― 아니면 정말 무통주사 때문이었는지, 조산사 때문이었는지, 운동을 안 해서였는지, 골반이 작아서였는지……

딱히 '무엇 때문이었다'고 단정할 수는 없으나 분명한 것은, 첫 번째에 성공하지 못했다는 과거가 두 번째에는 시도조차 할 수 없는 제한점으로 작용하지는 않았다는 사실이다.

절대적으로 안 되는 것은 없고 반드시 된다는 것도 없다. 어떤 선택을 할지는 전적으로 당사자의 몫이다. 어쭙잖은 확률에 기대는 것만큼 무의미한 일도 없다.

첫째를 조산사 때문에 실패했다면 이번에는 훌륭한 조산사를 만나 성공한 것인가? 아니다. 결국 사랑이 엄마가 할 수 있었기 때문에 우리도 도울 수 있었다.

첫째 때 둘라가 없어서 실패했다면 이번에는 훌륭한 둘라가 있어서 성공한 것인가? 역시 아니다. 결국 남편이 두려움을 날려 보내고, 산모를 도울 마음이 열려 있었기 때문에 둘라도 도울 수 있었다.

결국 이 모든 것은, 사랑이네가 가능하게 만들어 준 것이다.

사랑이네, 정말 대단하다.

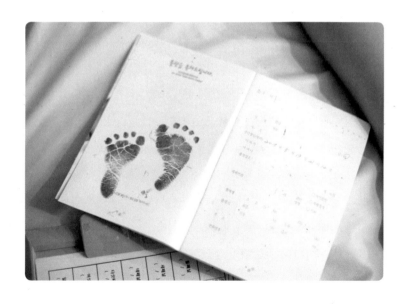

배우와 셰프가 아니에요

루아의 엄마 아빠랍니다

예정일보다 10일 먼저, 양수가 터진 지 51시간 만에 루아는 긴긴 진통을 이겨 내고 세상을 맞이할 수 있었다. 루아 출산의 주인공들, 탤런트 김지우 씨와 셰프 레이먼 킴, 그리고 루아까지, 그보다 더 길 수 없었던 51시간이 아니었을까 싶다.

자연주의 출산이기 때문에 가능했던 것이 아니라 자연 출산이 아니더라도, 루아에 대한 강한 믿음과 확신이 있었던 김지우 씨 부부였으므로 그들은 어느 병원에서든지 훌륭하게 루아를 만났을 것이라고 생각한다.

출산에 있어 누구보다 힘든 당사자는 아기이고, 그것을 함께할 수 있는 유일한 사람은 아기의 엄마이며 그 순간을 지켜 줘야 하는 사람이 아빠라는 것······ 이것이 자연주의 출산의 핵심이기 때문이다.

출산 예정일을 한참 앞둔 어느 시점부터인가 루아의 양수는 조금 적어 보였다. 양수가 적다는 것은 일반적으로 태반의 기능이 아기를 충분히 키울 만큼 되지 않을 수 있다는 뜻이고 영양분이 충분히 아기에게 가지 못한다는 뜻이기도 하다. 이런 경우는 대부분 조금 일찍 출산되는 경우가 많다.

양수가 적어서 양수과소증으로 인한 유도분만을 결정하기 전에 미리 아기들은 때를 알고, 그때에 맞추어 세상을 맞이한다는 뜻이다. 자연주의 출산이니까 무작정 기다리는 것이 아니고, 자연주의 출산이더라도 양수과소증이 있다면 당연히 아기에게 세상을 맞이할 준비를 미리 시킨다. 그리고 보통의 경우는 며칠의 시간이 지나면 양수가 적은 아기들 대부분은 병적으로 양수가 더 적어지기 전에 나름의 신호를 보내 세상을 맞이하게 된다.

루아도 그랬던 것 같다. 12월 말이 예정일인 여느 산모와 가족들의 바람처럼 루아도 1월이 지나서 나와 주기를 바랐지만, 루아는 본인이 가장 편할 시기를 선택해서 세상을 맞이했다.

루아야, 어느만큼 온 거니?

루아의 양막이 열린 것은 일요일 아침 7시.

보통은 양막이 열리고 나면 대체로 열두 시간 이내에 진통이 생기는데, 루아는 그렇지 않았다. 아무리 기다려도 감감 무소식이었고 루아 부모의 표정은 편하기만 했다. 사실 양수가 새고 있는 상황, 게다가 양수가 조금 적었던 아이에게서 양수가 새는 상황이 그리 편하지 않았을 것임에도 불구하고 이들 부부는 매우 확신에 차 있었고, 에너지가 넘쳤다.

"루아 위치가 괜찮으면 금세 진통이 걸릴 거예요. 지금부터는 내 몸이 얼마나 열렸는지를 생각할 것이 아니고, 루아가 어디만큼 와 있는지를 생각해야 한답니다."

진행이 잘되는 분만의 진통은 거칠 것이 없다. 아기의 위치가 좋고 골반이 적합하기 때문에 수축에 따라 아기는 쑥쑥 내려오고, 별다른 노력을 하지 않더라도 3~4시간 만에 아기를 만날 수 있다. 하지만 그렇지 않은 경우, 아기가 옆을 보고 있거나, 엄마의 골반이 많이 좁아서 위치를 찾는 데 시간이 오래 걸릴 수밖에 없는 경우는 아무리 자궁 수축을 세게 하더라도 진행이 되지 않는다. 이 경우 흔히들 촉진제를 써서 자궁 수축을 2분 간격으로 시키고, 결국은 아기도 힘들고 엄마도 고통에 지쳐 출산을 포기하게 되며 의사는 2분 간격의 진통을 이렇게 긴 시간 동안 했는데도 진행이 없는 것을 보니 '아두골반 불균형'이 확실하다며 수술을 하게 되는 것이다.

그렇잖아도 뱃속에서부터 양수도 적고, 성장도 평균보다 밑도는 태아에게 진행이 느리다며 2분 간격으로 지속적으로 수축을 시키는 것이 과연 맞는 처치일까? 정상적인 체중과 정상적인 양수를 가지고 있는 아기들도 지속적인 자궁 수축은 저산소증을 유발할 수 있다. 하물며 체력적으로 약한 아기들이야 그 수축으로 인해 얼마나 고통스러울 것인지는 굳이 말로 설명하지 않아도 될 것이다. 게다가 산모의 골반 구조가 넉넉하지 못하다면 더 말할 것도 없다.

진행이 잘 되지 않는 것은 단순히 자궁경부가 덜 열리는 문제만이 아닌 것이다. 자궁경부 개대는 아기 머리가 골반에 제대로 된 방향으로 진입하여 함께 내려오는 힘이 있고, 자궁 수축이 적절히 수반될 때 생기는 자궁 경부의 매우 자연스러운 변화이다.

그래서 우리는 항상 아기가 어디 있는지를 생각한다. 아기가 내려오지 않고 있다면 분명 아기가 하늘을 바라보고 있거나 옆을 보고 있는 경우일 것이다. 그럴 경우 수축을 유발시키기보다는 아기의 머리 위치가 자연스럽게 돌아올 수 있게끔 도와주는 것이 더욱 적합한 처치이다.

그렇게 하루가 지났다.

다음날 아침부터 더 이상의 진행이 없고, 이렇게 오늘처럼 수축이 없다면 촉진제를 쓰자며 하루를 마무리해야만 했다. 부디 오늘 밤부터는 진통이 걸리기를 기도하면서……

루아, 그 길을 찾기가 얼마나 힘들었을까?

루아 엄마의 골반은 많이 좁았고(실제 루아의 외할머니도 30시간의 진통

끝에 제왕절개로 김지우 씨를 만났다고 한다) 루아는 주 수보다 작은 아이였음에도 불구하고 잘 내려오지 않았다. 루아가 머리 방향을 돌리면 진통이 자주 왔다가도, 어느 순간이 되면 진통이 사라져 밥도 잘 먹고 움직이기도 잘할 수 있는 시간이 반복되었다.

스피닝베이비에서 나온 이야기이기도 하지만, 그렇게 하늘을 바라보고 있는 아이들은 수축을 어느 정도 했다가 쉬고, 돌고 나면 또 수축을 시키고 하면서 스스로 위치를 찾아서 나오게 된다.

루아는 매우 전형적으로 하늘을 바라보고 있는 상태에서 진행이 되고 있는 아기였다. 이것은 아무리 훌륭한 조산사가 와도, 아무리 훌륭한 둘라가 와도, 아무리 손재주가 좋은 의사가 개입을 해도 해결할 수 없는 문제이다. 루아 스스로가 도는 수밖에는 없는 문제이다.

그렇게 시간이 지나가고 있고 어른들의 조바심은 점점 커져가고 있는 것을 아는지 모르는지, 루아는 뱃속에서 아주 씩씩했다.

어른들, 의료진은 커 가는 조바심을 숨기느라 어찌할 바를 모른다. 이미 하루가 지났고 시간은 36시간을 훌쩍 넘기려고 한다. 몇 차례의 스피닝 베이비를 시도하고 진통이 세게 왔다가 지나가기를 반복했다. 루아는 그럴 때마다 조금씩(진짜 1mm씩 그렇게 조금씩) 진행이 되는 것 같았다.

의료 개입과 의사의 개입은 필요할 때만 한다. 그럼 지금이 필요한 시기인지 아닌지의 판단은? 의사가 한다. 루아네 방의 분위기는 정말 좋은

데, 나의 머릿속에는 도대체 어느 시점에 개입을 할 것인지가 확실하지 않다. (연예인 부부이기 때문에 그런 점도 분명 있을 것이다.)

양막이 터진 지 오래되었다고 해서 반드시 몇 시간 안에 출산해야만 한다는 명확한 기준이 없다는 것은 지금 우리들의 기다림도 교과서의 내용에서 크게 벗어나지 않는다는 것을 말해 준다. 그래, 아직은 아니다. 지금까지도 그랬다. 양수가 적고, 양막이 먼저 열린 아이들이 루아만은 아니었다. 대부분은 다 건강하게 잘 나왔다. 그때마다 나는 어떻게 했던 가? 똑같았다. 태동 검사 소견을 믿었고, 혈액 검사 소견을 예의주시했고, 산모와 남편이 받아들이고 아기를 믿고 있다면 기다렸다. 그래, 지금은 아직 아니다. 의료적인 개입을 하기에는 아직 이르다.

그렇게 또 하루가 지났다. 아, 이제 48시간을 향해 달려가고 있다.

함께하고 있던 조산사도 둘라 선생님들도 지치지는 않을지 걱정이다. 루아 아빠는 우리 모두를 위해서 매 끼니때마다 맛있는 음식들을 계속 갖다 주고 있고, 루아 엄마의 방은 활기차다.

조급한 것은 나뿐인지도 모르겠다. '루아야, 관심과 사랑이 필요한 거지? 그런 거지?' 우리는 기약없는 '내일'을 약속했다.

하지만 그날 밤은 정말 잠을 잘 수가 없었다.

루아, 드디어 방향을 찾은 거니?

루아 엄마와 루아가 함께하는 본격적인 진통이 시작되었다. 루아 엄마는 이제 더 이상 먹을 수도 웃을 수도 없다. 앉기도 불편하고 서기도 불편하고, 어느 자세를 취해도 너무나 고통스럽기만 하다. 루아 아빠의 여유 있는 웃음도 이제 루아와 루아 엄마의 고통을 바라보는 간절한 눈빛으로 바뀌었다.

드디어 세게 규칙적으로 오는 진통을 보고 나서야 나는, 어젯밤의 악몽이 기우였음을 깨달으며 병실 밖으로 나와 비로소 웃을 수 있었다. 그 전날 담당 조산사가 내진을 하고 이미 4센티미터가 열렸다고 했던 말이 생각났기 때문이다. 우리 병원의 모든 조산사들은 나의 내진 소견이 매우 후하다고 생각한다. 내가 6센티미터 열렸다고 하면 실제로는 4센티미터이고, 다 열렸다고 하면 그건 겨우 8~9센티미터 열린 것을 의미한다는 것이다. 그래서 내가 내진을 하고 나면 그런 것을 감해서 듣는다.

그런데 조산사는 겨우 3센티미터 열릴까 말까였던 내진 소견에 무려 4센티미터라고 말했으니, 생각만 해도 슬그머니 웃음이 난 것이다. (분만 진통 진행에서 4센티미터와 3센티미터의 의미는 매우 다르다. 자궁경부가 4센티미터 개대되었다는 것은 통상 이제 본격적인 분만 진통에 접어들었다는 것을 의미하는 소견으로, 별 문제가 없을 경우 입원의 적응증이 되는 소견이다. 반면 3센티미터는 아직은 여유가 있는 가진통이며 기다려야 한다는 뜻으로 받아들여진다.)

얼마나 조급하고, 얼마나 바랐으면 그렇게 말했을까? 그러나 역시 담당 조산사는 훌륭했다. 그렇게 밤새 그 옆을 지키더니 드디어 루아의 진통이 생기는 것을 보고야 말았다. 그렇게 기다릴 수 있는 것은 아무나 할 수 있는 일이 아니다.

"그래도 내려오니까요.……(내려오는 것까지 감안해서 4센티미터라고 말한 거예요.)"

될 것 같다, 안 될 것 같다는 아무도 알 수 없는 일이다. 될 가능성이 많기 때문에 기다리는 것이다. 더욱이 우리는 이렇게 애매모호한 진행 상황에서는 아무런 결정을 하지 않는다.

루아는 길을 찾았다. 이제 다른 아이들처럼 내려오는 것 같다. 머리 위치도 좋아졌고, 머리 모양도 엄마의 골반에 맞게 잘 변형된 것 같다. 이제 내려오기 시작했으니 루아 엄마의 자궁경부도 금방 열릴 것이고, 루아가 작은 만큼 그리 오래 지나지 않아 우리는 루아를 만날 수 있을 것이다.

양막이 열리고 48시간이 지났다. 양막이 열리고 50시간이 지났다. 드디어 자궁경부는 완전히 열렸고, 이제 루아의 머리는 손끝에서 만져진다. 루아는 양수도 적고 사이즈도 작았지만, 튼튼한 심박 수로 힘껏 내려오고 있다.

루아야, 안녕?

그리고, 앉은 자세로 루아 엄마는 루아를 맞이했다.

작다고 걱정하고, 양수가 부족한 것 같아 걱정하고, 오래 걸려 걱정했지만, 루아는 아무렇지도 않은 것 같았다. 루아의 탯줄은 매우 두껍고 튼튼했고, 특이하게도 매듭은 없었지만, 한쪽으로 마치 나뭇잎이 난 것과 같은 모양을 하고 있었다.

루아도, 루아 엄마 아빠도, 조산사도, 둘라도, 그리고 나도 그 순간 모두 눈물이 솟았다.

카리스마 넘치는 셰프는 이제 보이지 않고, 아기 앞에서 한없이 작은 몸짓으로 아빠임을 보여 주는 루아의 아빠가 있었고, 예쁘고 팬시한 얼굴의 배우 김지우가 아닌 루아 엄마의 조심스러운 손짓이 있었다.

기다림의 끝에는 언제나 새로운 만남이 있다. 고생 끝에 낙이 온다는 옛말은 하나도 틀리지 않았다. 루아는 우리에게 이보다 더 좋을 수 없는 선물을 주었다.

자연주의 출산에서의 기다림은 모두에게 같지 않다. 억지로 기다림을 이어가는 사람들이 있는가 하면 의료진에게 없는 확신까지 심어 주어 가며 기다리는 분들도 있다. 사실 우리 주변에서 일어나는 나쁜 일들은 거의 대부분 잘 일어나지 않는 일이다. 무언가 나쁜 일이 생길 것 같은 느낌에 따라 결정하는 것은 어떤 결과이건 후회를 낳게 마련이다. 습관적으로 나쁜 것들만 생각하는 사람들은 결국 일어나지도 않을 일들을 피하기 위해서 극단의 선택을 하게 된다.

무엇보다 루아 엄마와 아빠가 무척 훌륭했다. "선생님 되겠죠?"라는 물음과 "저흰 걱정 안 해요"라는 말만 되풀이했다. 얼굴 표정에는 변화가 없지만 속이 타들어 가기는 나나 이들 부부나 마찬가지였을 텐데도, 우리는 그렇게 긴 시간의 터널을 지나 왔다.

아기를 이해하는 것, 그것이야말로 진정한 자연주의 출산의 시작이다. 이것이, 어찌 보면 우리 모두가 바라는 자연주의 육아의 시작일지도 모른다.

루아야, 행복하렴.

탤런트도 가수도 엄마는 그냥 엄마죠

모두모두 감사합니다

무럭무럭이와 오와의 엄마, "막돼먹은 영애 씨"의 정다혜 님

그녀의 첫 등장은 비범했다. 사람이 아니구나 싶은 느낌, 사람이 저렇게 예쁠 수 있나? 저 눈은 사람의 눈인가, 인형의 눈인가?

둘라 이진미 선생님과 그녀가 내 방에 짠~ 하고 나타났을 때 난 시선을 어디에 둘지 몰라서 난감했다. "정다혜 씨입니다." '아…… 막돼먹은 영애 씨!'

그녀는 막달이 되어 연앤네이쳐를 찾아 온 '연예인'이었다.

앳된 얼굴로 나를 쳐다보며 "잘되고 있는 거 맞죠?"라고 묻는 그녀의 목소리는 그녀의 눈빛과 어울려 묘한 울림을 주었다. 그 눈빛 때문인지, 아니면 목소리 때문인지, 짐볼 위에 올라 있던 그녀의 움직임 때문인지 주변은 묘하게 그녀를 둘러싸고 흔들리는 것 같았다. 그 방의 모든 기운이 그녀를 두고 빙빙 공전하는 것처럼도 보였다. 시간은 하염없이 흘러 흘러 간다. 양수가 터지고 하루가 지나고 다음날이 지나도록 아이는 내려올 생각이 없다. 아이 아빠는 아무 말이 없이 그녀 주변을 지키고, 둘라 선생님도 조산사도 조급함보다는 어떤 초조함을 애써 이겨 보고자 노력했다. 진통은 더뎠고, 오다 가다를 반복하면서 우리에게 2일의 인내심을 요구하고 있다.

후…… 호흡이 달라짐이 보인다. 수축에도 점차 '간격'이 보인다. 진통의 강도도 점점 세지고 있음이 눈으로 읽힌다. 소리와 몸짓이 달라지고, 움직임이 느려짐이 눈으로 감지된다.

3일의 기나긴 진통 끝에, 양수가 터지고도 한참이 지난 끝에 우리는 '무럭무럭이'를 안아 볼 수 있었다. 아이는 목에 두 번이나 탯줄이 감겨 있었고, 몸에도 한 번 감겨 있었다. 아, 그래서 늦었나 보다. 쉬어 가느라고…… 탯줄이 감겨 조이고, 피도 안 들어오고, 산소도 안 들어와서 오래 오래 쉬느라고 이렇게 시간이 걸렸나 보다. 그 긴 시간, 70시간이 넘도록, 우리에게 가이드가 되어 주었던 유일한 원칙이자 지침은 바로 다혜 씨의 의지와 아이의 체력이었다. 그날, 그녀의 눈빛은 광채를 내며 그 말을 나에게 하고 있었다.

그리고 2년 뒤, 동생 '오와'가 우리에게 왔다. 간신히 난산을 한 사람들 중 일부는 절대로 다시는 자연 출산을 하지 않겠다고 하지만, 그녀에게 난산의 기억은 잊지 못할 축복의 기억으로 남았다고 했다.

그녀는 여전히 큰 애를 끼고 키우고 있었고, 긴 시간 모유 수유를 하였으며, 그 와중에 열심히 방송 활동도 했다. 너무 아들만 위하고 있어서 본인이 힘들까 걱정이라는 남편의 핀잔에도, 그녀의 아기 사랑은 지속되었다.

'오와'와의 만남에는 몇 차례 우여곡절이 있었다. 조산기, 출혈 등 지속되는 뭔가 불안한 일들이 나타나곤 했다. 그리고 무엇보다 녹화도 해야 했다. 그럴수록 그녀는 여유를 잃지 않았다. 어쩌면 본능적으로 견딜 수 있다고 느꼈던 것인지도 모른다. 그녀는 일과 가정, 양육의 삼각 고리 안에서 수위 조절을 해 가며 그렇게 둘째를 품고 견뎠다.

그리고 40주를 넘긴 어느 날, '오와'를 맞이했다. '무섭다.…… 아프다.……' 꼼짝 없이 누워서 진통을 견디고 있는 그녀의 모습에서 어렴풋이 그녀가 너무나 잘 알고 있는 '진통'의 '두려움'을 읽을 수 있었다. 얼마나 무서웠을까, 얼마나 아팠을까, 얼마나 도망가고 싶었을까……

그리고 거짓말처럼 '쑥' 오와가 태어났다. 조용조용, 살금살금, 아무도 모르게, 처음 듣는 목소리가 엄마, 아빠의 목소리가 되도록, 우리 모두 조용조용 '오와'를 열렬히 환영했다.

그녀의 눈빛…… 잊히지 않는다.

만삭에도 연기를 하고, 조산기에도 행복할 수 있었던 그녀의 두 아이의 출산을 함께할 수 있어서 정말 영광이다. 셋째도 있을까?

기도와 기다림 속에 만난 주럽이 엄마, "품위 있는 그녀"의 유서진 님

한 방울의 눈물…… 그녀가 흘렸던 그 맑은 눈물을 잊을 수 없다.

동료 연예인의 소개로 우연히 나를 찾아 왔다던 말간 얼굴의 그녀의 볼에서 떨어져 내린 그날의 그 눈물.

12월의 어느 날 '주럽이'가 찾아왔다.

몸이 약한 그녀에게 진통은 넘어가기 힘든 산이었을 것이다. 긴긴 시간 견뎌 내기 힘들었을 것이 분명하다. 주치의는 막연하게 잘될 것이라고 말했지만, 방송가 대부분의 여성들은 고강도의 스트레스가 일상화되어 있고, 불규칙한 생활로 인해 출산에는 적합하지 않은 쪽으로 적응이 되어 있는 경우들이 많다. 그녀도 마지막 순간까지 방송을 했고, 긴 시간의 방송은 종종 그녀의 체력을 바닥으로까지 내려놓곤 했다.

그래도 진통은 자연스럽게 찾아왔다. 늘어졌다 다시 돌아왔다를 반복하는 지루한 진통의 터널을 두 사람은 손을 꼭 잡고 지나가고 있었다. 나는 어찌해야 좋을지 몰랐다. 하얀 얼굴의 그녀를 보면 안쓰러움이 한순간에 몰려왔다. 무얼 해 줄 수 있을까?

그러나, 그래도 마지막은 찾아온다. 그녀에게 마지막 순간이 왔다.

또르르 흘러내린 그녀의 눈물 덕분이었을까? 그 정성을 주럽이도 알 아주었던 것일까? 신의 가호가 있었던 것일까? 주럽이의 머리카락이 보이기 시작했다.

기운이 많이 떨어진 그녀가 최선을 다해 호흡을 한다. 주럽이가 내려온다. 최선을 다해 다음 호흡, 그 다음 호흡을 그녀가 아껴가며 불어낸다. 그 호흡을 타고 주럽이는 엄마 몸을 단 한 군데도 다치지 않게 하고 나왔다.

그 후 그녀는 멋지게 드라마로 복귀했다. 정말 멋졌다. 훨씬 당당했고, 훨씬 아름다웠고, 훨씬 성숙해 보였다. 그녀가 정말 자랑스러웠다. 주럽이에 올인하여 긴 시간 육아만을 고집하며 방송 출연을 고사했던 그녀가 멋진 역할로 돌아온 것이 정말이지 너무나 자랑스러웠다. 주럽이도 알아주겠지?

라파엘과 레미 엄마, 탤런트 정양 님

첫째 라파엘은 무척 힘들었다. 임신 유지까지의 과정도 힘들었고, 출산의 과정도 쉽지 않았다. 아주 오랜 시간에 걸쳐, 긴긴 진통 끝에 만났던 라파엘이 세 살 되던 해에 우리는 다시 만났다.

레미…… 자신감을 갖자고 했다. 첫째 출산이 어려웠지만 자신감을 갖고, 둘째라는 것을 믿어 보기로 했다. 레미는 어느 순간 라파엘이 태어났을 때의 몸무게를 훌쩍 뛰어넘었다. 오히려 잘된 일이다. 잘 크는 아기들은 그 에너지로 출산도 잘되게 마련이다.

40주 5일째, 생각보다 긴 진통이 시작되었다. 오래오래…… 둘째들은 빠르다고들 하지만, 레미의 출산은 전혀 빠르게 진행되지 않았다. 경우마다 다 다른 것이다. 슬금슬금 라파엘 출산 때의 기억이 떠오르면서 두려움이 앞서 오기 시작하고, 주변의 많은 사람들이 수술을 권장한다. 너무 늦는 것 아니냐고……

많은 준비를 했는데…… 주변의 걱정은 엄마의 걱정으로 금세 전파된다. 더욱이 출산은 너무 아프고, 시간은 더디다. 지금 이 순간을 끝낼 수 있는 가장 쉬운 방법은 수술일지도 모른다. 수술…… 최후의 선택지, 혹은 절대 선택하지 않으리라고 생각했는데, 지금의 절박한 상황에서는 뭐라도 끝내고 싶은 마음이 앞설 뿐이다. 라파엘 때 수중 출산을 하지 못했던 아쉬움으로 준비했던 고무 욕조와 히프노버딩도 지금 그녀의 마음을 붙잡아 두기에는 너무 멀어 보인다. 그녀는 이미 지칠 대로 지쳐 있었다.

포기를 하는 순간 갑자기 그랬던 것일까, 아니면 어느 순간 그녀가 벽에 붙여 놓았던 수많은 히프노버딩 구절들이 눈에 들어왔던 것일까?

My body knows how to give birth……I am relaxed and calm…… Relax, breath, open……

그녀는 갑자기 평온을 찾았다. 우리는 물에 들어가 보기로 했다. 그리고 거짓말처럼, 그녀의 몸은 그 진통의 파도와 함께 움직이기 시작했다. 물속에서도 피 한 방울 나오지 않고, 분비물 하나 없이 깨끗했다. 아무것도 모르는 사람들이 보았다면 그냥 욕조의 맑은 물이라고 생각했을 것이다. 그녀의 몸은 염증 하나 없이, 정말 청정 지역으로 가꾸어져 있었나 보다. 그래서 진통의 과정에서 그렇게 피도 한 방울 나지 않고 마지막 순간 아기가 나올 때까지도 그렇게 아무 손상이 없이 진행이 되었나 보다.

그녀의 최면 호흡이 시작되었다. 아래로 깊이 내려갔다가 다시 올라오는 호흡이 눈으로 보였다. 아무도 소리 내지 않는다. 남편은 조용히 레미의 머리를 만져 본다. 호흡에 맞추어 레미의 머리가 나오고 한 바퀴 쓱 돌더니 레미의 몸통이 자연스레 빠져 나온다.

여전히 물은 맑고, 레미는 초롱초롱하다.

세상에, 정말 동영상처럼 나오는구나. 저렇게 깨끗하게, 한 방울 피도 나지 않고……

그녀의 태반도 피 한 방울 나지 않고 자연스럽게 떨어져 나왔다. 정말이지, 거짓말처럼 레미의 출산이 끝났다. 가능한 일인가 싶었다. 이렇게 피 한 방울 없는 출산이 가능한가 싶었다.

저렇게 조용히 태어나는 것이 가능한가? 첫째를 자연 출산했다고는 해도 그 긴 시간의 기억이 아직 채 잊히지 않았는데도?

우리에게 잊지 못할 출산을 선물해 준 그녀에게 더 없이 감사함을 표한다. 아마 두고두고 다시 보지 못할 출산일지도 모르겠다.

공연과 아기 둘 다 훌륭하게 지킨 뮤지컬 배우 차지연 님

나의 경험상 음악을 하는 사람들, 특히 노래를 하는 사람들은 대개 몸 관리가 매우 잘되어 있다. 그래서 임신이라고 특별한 노력을 하지 않아도 출산을 잘하는 사람들이 대부분이었다. 임신 기간도 순조롭고 특별히 의사가 가이드를 주지 않아도 이미 가이드 이상으로 몸 관리에 철저한 덕분이다.

몸에 나쁜 음식은 목소리에 좋지 않으니 전혀 먹지 않고 저녁 6시 이후의 식사도 위 식도 역류를 일으켜 목소리에 나쁜 영향을 주므로 하지 않고, 장시간 노래를 하기 위해서는 운동도 필수이다. 성량을 유지하고 순환을 좋게 하기 위해 물도 많이 마신다. 그런 만큼 아기도 무럭무럭 잘 큰다. 몇 시간 공연으로, 몇 번의 움직임이 며칠간 지속된다고 해서 조산기가 생기는 일은 좀처럼 일어나지 않는다. 그것이 평소의 몸 관리가 가지고 있는 힘이다.

차지연 씨가 그랬다. 처음 임신했을 때 그녀는 중요한 공연을 앞두고 있었다. 공연을 앞두고 임신 초기에 연습을 하여 임신 중기에 들어섰을 때 '원톱'으로 무대에 올라야 했다.

"아기는 괜찮을 거예요. 음악하시는 분들 중에 아기가 잘못 된다거나, 잘 못 낳는 분들은 별로 본 적이 없어요. 아기 믿고 공연도 열심히 하시고, 연습도 열심히 하셔도 됩니다. 괜찮습니다."

그렇게 그녀의 공연은 막바지로 흘렀다. 나도 슬쩍 표를 구해 공연을 보러 갔다. 내가 본 산모 차지연이 맞나? 외래에서 늘 태명 누구누구의 엄마로만 보았던 그분이 저분인가? 목소리가 저렇게 다른가? 보는 내내 울컥했다. 너무 마음이 아팠다. 그녀가 아프다고 하는 것도 아닌데, 최선을 다해 공연을 하는 그녀의 모습은 나를 감동시키는 것을 넘어서 아프게 했다. 나는 흐르는 눈물을 주체하지 못한 채 씩씩한 그녀의 모습만 연신 쳐다보며 간신히 공연을 끝까지 보았다. 마치 첫애를 임신하고 씩씩한 척 하며 병원에서 내리 당직을 서고, 임신이 아닌 척 하며 애써 감추어야 했던 그때의 내가 보이는 것만 같아서, 그녀가 얼마나 최선을 다하고 있을지, 그녀가 말하지 않아도 다 알 것 같아서, 나는 마음이 아팠다.

당연히, 아니 최선을 다해서 그녀는 마지막까지 공연을 하고, 아기도 지켰다. 터져 나오는 노래로 태교를 하고, 무대에서의 움직임을 운동 삼아 그녀는 마지막 순간까지 공연을 하고 아기를 지켰다. 그리고 보답하듯, 아기는 그렇게 잘 태어났다. 많이 울지 않았고, 감동을 선사하면서,

아빠 엄마 곁으로 그렇게 와 주었다.

그녀의 공연 "서편제"를 또 보았다. 그녀는 무대에서 울고 있었지만, 나는 이제 울지 않았다. 아니, 극의 내용이 슬퍼서 울긴 했지만, 그 전과 같은 이유로는 울지 않았다.

멋지게 돌아온 그녀……

마음속으로 항상 응원 중이다.

(이 외 이종격투기 선수 서두원 님, 탤런트 조태관 님, 가수 이지형 님 등 많은 방송가 사람들이 조용히 연앤네이쳐에서 출산을 했습니다. 저희를 믿고 출산해 주셔서 감사합니다.)

기다림은 확신입니다

지금도 잊을 수가 없습니다. 그토록 바라고 경험해 보고 싶었던 자연주의 출산을 내 눈으로 목도한 그날, 산모는 완벽하게 출산의 주체이자 주인공이었습니다. 제가 조산사라는 게 무색해지는 순간이었습니다.

저는 20년 넘게 분만실에서 일한 조산사입니다. 보람 있는 일이고 멋진 일이었지만 그 모든 시간에 느껴졌던 회의감은 늘 가슴 한 쪽에 묻혀 있었습니다.

'이게 아닌데…… 하나님이 만드신 우리 몸은 분명히 출산도 자연스럽고 평온하게 할 수 있지 않을까?'라는 질문 때문이었습니다.

출산은 질병이 아님에도 대부분의 병원에서 산모는 입원과 동시에 환자가 되고, 어떤 선택이나 요구도 불가능하고 자세한 설명도 없으며 자발적인 동의도 기다려 주지 않습니다. 저 또한 거기에서 크게 벗어나지 않았던 조산사였습니다.

연앤네이쳐 산부인과에서 근무를 시작하고, 산모들로부터 '아기가 스스로 나올 때까지 기다려 주고 싶다,' 첫째 때 기다려 주지 못한 것이 후회된다'라는 말을 듣고 나서야 비로소 저는 '기다림'이 이토록 주체적이고 적극적인 말이구나 깨달았습니다. 기다린다는 것은 확신이 있어야 가능한 일이니까요.

연앤네이쳐 산부인과에서 근무할 수 있게 된 것은 정말이지 저에게는 큰 행운이었습니다. 조산사로서 꼭 경험해 보고 싶었던 자연주의 출산의 장이니까요. 산모들이 주체적인 만큼 우리 조산사들 역시 주체적으로, 정말 열심히, 열성적으로 산모를 봅니다. 그들이 원하는 출산의 모습 하나하나가 다 그려지도록 우리는 정말 노력합니다. 그 모습이 바로 우리들 조산사들이 원하는, 조산사가 조산사다운 모습이었습니다.

오늘도 산부인과가 처한 힘든 현실에서도 연앤네이쳐 산부인과의 모든 구성원들은 우리의 출산 문화가 바뀌기를 기대하며 열심히 근무하고 있습니다. 또한 그런 우리를 응원해 주시는 많은 산모와 남편들이 있음을 느낍니다.

출간되었던 박지원 원장님의 책이 이번에 새롭게 인쇄되어 나온다니 무척 반갑습니다. 더불어 ebook으로도 읽을 수 있다니 종이책에 비해 휴

대나 접근성이 좋아 산모들의 필독서로 늘 가까이하기에 편리할 것 같습니다. 제가 처음 이 책을 접했을 때 자연주의 출산의 매력에 푹 빠져 만나는 산모마다 적극 추천할 만큼 내용들이 진솔하고 감동적이었던 기억이 납니다. 우리 연앤네이처 산부인과 구성원들의 노력과 박지원 원장님의 철학이 기록된 이 책은 자연주의 출산을 꿈꾸며 계획하는 많은 산모와 남편들에게 좋은 지침서가 될 것입니다.

오늘도 저는 출산센터에서 한껏 배를 내밀고 입장하실 주인공을 기다립니다.

연앤네이처 조산사   이 채 연

엄마, 아빠가 될 모든 분들과
함께 용기를 내 보겠습니다

　사실 전형적인 의사이며 워킹맘인 나 같은 이가 이런 책을 내는 것은 정말 부끄러운 일이다. 나는 자연주의 출산을 해 본적도 없으며 애착 육아를 해 본 적도 없기 때문이다. 제왕절개로 두 아이를 만났고, 두 아이를 키우는 동안 모유수유를 한 기간은 3개월도 되지 않는다. 큰 아이는 친정 부모님의 손을 빌려 컸다. 심지어 첫째 아들을 낳았을 때 나는 시집에 살고 있으면서도 아이를 맡아 줄 사람이 마땅치 않아 친정 부모님의 손에 맡길 수밖에 없었다. 그때 나는 마음이 아픈지 안 아픈지를 느낄 겨를도 없었다. 나에게 임신 기간은 끊임없이 임신을 부정하는 기간이기도 했다.

　지금의 임산부들은 어떨까? 아주 특별한 경우를 제외하고, 임신을 이유로 직장을 그만두는 사람들이 드물어진 지금, 내가 큰 아이를 품고 낳았던 2003년과 비교했을 때 얼마나 달라졌을까? 지금의 산모들에게 임신, 출산은 자연스러운 일일까? 지금의 산모들은 임신, 출산을 어떻게 받아들이고 있을까? 임신을 이유로 직장을 그만두는 사람들의 숫자가 줄어들었다는 것뿐 오늘을 살아내는 여자들이 겪는 임신이 과거에 내가 겪었던 임신과 크게 다르지 않다는 사실과 더불어, 남자들마저도 임신과 출산에 대한 압박감을 느끼고 있는 것을 보면 지금 2021년은 2003년 보다 별로 나아진 것이 없는 것 같다.

임신과 출산을 앞둔 이들에게 선택지가 더 많아진 것 같지도 않다. 2003년에야 몰라서 그랬을 수도 있다. 매체가 지금보다는 덜 발달해서 선택지가 얼마 없었는지도 모른다. 그때는 잘 몰라서, 병원에서 아기를 낳고 집에서 조리를 하는 게 일반적이었다. 지금은 어떤가? 지금처럼 정보가 넘쳐나는 세상에서, 산모들은 그 많은 정보들을 보고 느끼면서 어떤 선택을 할 수 있을까? 어쩌면 정보가 이렇게 많기 때문에 오히려 '일반적인' 선택을 더 강요받고 있는 것은 아닌지 생각해 보게 된다. 다 찾아봐도 다 그렇게 하더라는 은근한 압박을 견뎌 낼 만큼 강단 있는 가정이 생각보다 많지 않다.

더불어, 2017년 이 책이 처음 나올 때보다 훨씬 더 많은 산부인과에서 최소 의료 개입 출산, 자연주의 출산을 표방하는 것 같고, 산모들도 더 다양한 산부인과에서 그런 출산을 경험할 수 있게 된 것 같지만, 그때나 지금이나 산모들 사이에서 자신들이 경험한 출산에 대해 '제대로 된' 혹은 '진정한'이라는 수식어를 붙여 가며, '제대로 되지 않은 자연주의 출산'에 대한 후회 섞인 글들을 심심치 않게 볼 수 있는 것을 보면 아직 갈 길이 먼 것 같기도 하다.

나는 여전히 전형적인 의사이고 싶다. 과거에도 그랬지만, 정말 보수적으로 의학 교과서의 근거들을 임상에 적용하는 의사이고 싶다. 그리고 내가 믿는 그 근거들이 지금 연앤네이쳐 산부인과에서 행해지는 어쩌면 터무니없어 보이기까지 하는 '이상적인' 의료 접근 방식이라고 생각한다. 해결이 불가능한 문제들, 결정되어 있는 문제들이 있더라도, 면밀히, 세심히, 잘, 성실히 한다면 얼마든지, 노력으로, 관리로 극복할 수 있는 문제들이라고 나는 믿는다. 시시해 보이는 그런 '예방'에 치우친 나의 진료 방식과 우리의 출산 방식은 마지막에서야 문제를 해결하려는 일반적인 산부인과를 포함한 외과학의 경향과는 크게 벗어나 있을지라도, 분명히 멋진 방식이라고 생각한다.

초판본이 모두 판매되고 재판본이 나오게 되어 부끄럽기도 하고 감사하기도 하다. 나를 나다운 산부인과 의사로 살 수 있게 해 주는 우리 병원의 직원들에게 정말 감사하고 또 감사하다. 근 10년의 시간 동안 함께

한 직원들이 있었기에 연앤네이쳐는 오늘도 멋지게 생존하고 있다. 더불어, 여전히 10%가 안 되는 우리의 제왕절개율은 어마어마한 희생 정신으로 산모 옆에 딱 붙어 돌보는 것을 마다하지 않았던 우리 선생님들 덕분임을 꼭 알려 주고 싶다.

이제 고3이 된 큰 아들과 고1이 된 딸, 엄마의 손길이 늘 부족해도 응원해 주는 우리 아이들과 남편에게도 정말 감사하다. 나를 이렇게 근사한 딸로 키워 준 우리 부모님들께도 정말 감사드림을, 이 책을 빌려 꼭 말씀드리고 싶다.

2021년 2월　박지원